贝壳学术

贝壳新时代书系

宏观经济形势与国家电网公司发展战略

——学习研究汇编

范晓禹　主编

中国财经出版传媒集团
中国财政经济出版社

图书在版编目（CIP）数据

宏观经济形势与国家电网公司发展战略：学习研究汇编／范晓禹主编．--北京：中国财政经济出版社，2021.4

（贝壳新时代书系）

ISBN 978－7－5223－0491－5

Ⅰ.①宏…　Ⅱ.①范…　Ⅲ.①电力工业－工业企业－企业发展战略－中国　Ⅳ.①F426.61

中国版本图书馆CIP数据核字（2021）第067422号

责任编辑：苏小珺　　　　责任印制：刘春年
封面设计：陈宇琰　　　　责任校对：张　凡

宏观经济形势与国家电网公司发展战略——学习研究汇编
HONGGUAN JINGJI XINGSHI YU GUOJIA DIANWANG GONGSI FAZHAN ZHANLUE
——XUEXI YANJIU HUIBIAN

中国财政经济出版社 出版

URL：http：//www.cfeph.cn
E－mail：cfeph@cfeph.cn

社址：北京市海淀区阜成路甲28号　邮政编码：100142
营销中心电话：010－88191522
天猫网店：中国财政经济出版社旗舰店
网址：https：//zgczjjcbs.tmall.com
北京时捷印刷有限公司印刷　各地新华书店经销
成品尺寸：170mm×240mm　16开　13.25印张　171 000字
2021年4月第1版　2021年4月北京第1次印刷
定价：88.00元
ISBN 978－7－5223－0491－5
（图书出现印装问题，本社负责调换，电话：010－88190548）
本社质量投诉电话：010－88190744
打击盗版举报热线：010－88191661　QQ：2242791300

编委会

主　　编： 范晓禹

副 主 编： 王　宁　刘兆雄　肖　毅　（排名不分先后）

编写组成员： 宋峥峥　罗丽娜　张鹏辉　李耀涛　高建为
葛梦瑶　贵振峰　李　鹍　张一鸣　任　凯
吴丽娜　周　茜　于京燕　路　欣　闫立志

序

2020年10月，党的十九届五中全会明确提出要加快构建以国内大循环为主体、国内国际双循环相互促进的新发展格局，这也是“十四五”及未来更长时期我国经济发展的指导思想。构建双循环新发展格局，需要紧紧抓住供给侧结构性改革这条主线，注重需求侧管理，打通堵点，补齐短板，贯通生产、分配、流通、消费各环节，形成需求牵引供给、供给创造需求的更高水平动态平衡，提升国民经济体系整体效能。

国家电网公司作为我国国有经济的主体和国民经济的中坚力量，肩负着发展壮大国有经济的重任，在构建新发展格局过程中，需要以习近平新时代中国特色社会主义经济思想为指引，把握我国经济发展阶段性特征，以强烈的责任感和使命感，准确识变、科学应变、主动求变，努力在危机中育新机、于变局中开新局，实现高质量发展。

2020年是中国现代化建设进程中具有特殊重要性的一年，是“十四五”的开局之年。展望2021年，做好经济工作意义重大。我国已进入高质量发展阶段，站在发展的新起点上，如何抓住供给侧结构性改革这条主线，以新发展格局重塑经济新优势、推动新发展，是需要我们深入思考并回答的重大课题。

本书为我们提供了全新的、多维度的观察视角，以及对形势的展望分析，同时联系所在电网行业给出了政策落地的独特见解，涵盖了世界经济体系论、中国经济发展历程、新发展格局、供给侧结构性改革及电网行业发展方向等多个方面的内容，特色显著。

一是有着历史视角的高度。本书作者并没有简单地从当前形势分析中国经济，而是从兼顾历史的角度，通过深刻剖析新中国成立以来的环境变换、体制改革等因素，加深读者对当前中国经济政策的理解。二是有着多元视角的广度。作者们来自不同的岗位，从不同的角度出发，提出了各自的独到见解，有分析、有事例、有结论，视角多元，覆盖面广。三是有着求真务实的深度。无论作者从哪个角度出发，最终都与自身所处行业紧密联系，写出了国家电网公司在当前乃至今后一个时期所处的经济环境、目标定位、机遇挑战及工作侧重等，具有较强的实践意义。

本书的作者们是经过为期两个多月的中共国网河北省电力有限公司党校组织的习近平新时代中国特色社会主义思想理论讲师培训班锤炼出的高素质讲师，理论功底扎实，实践经验丰富。本书将作者们对当前经济形势的真知灼见汇集成文，将理论和事例有机结合，内容通俗易懂，适合关注经济形势走向的读者阅读，也适合国家电网公司的员工阅读，有利于帮助读者看清未来，把握经济发展方向，找到实现自我价值的渠道。

中共河北省委党校 刘晓辉

2021 年 3 月 15 日

前　言

写作此书的想法形成于中共国网河北省电力有限公司党校组织的习近平新时代中国特色社会主义思想理论讲师培训期间。当时培训班按照不同课题方向组成几个研讨小组，我们四人组成了经济形势研究小组。学习期间，我们经常就习近平新时代中国特色社会主义经济思想、马克思主义政治经济学、西方经济学等内容进行研究和讨论。在培训过程中，我们得到中央党校、河北省委党校、国家电网公司能源互联网研究院的老师的悉心指导。为了使我们的结业课题完整、完美，培训学习期间，我们互相分享资料、探讨课题，帮助彼此研磨课题细节。两个多月的朝夕相处，我们建立了深厚的友谊。为了让我们的友谊多一份见证，把我们的研讨内容分享给更多的人，培训班结束后，我们决定将所学所思整理成书。

最初我们踌躇满志，期望继续延伸各自的研究内容，完成一本理论基础扎实、说明事例翔实、语言风格清爽的阐述习近平新时代中国特色社会主义经济思想学习感悟的著作。但是随着研究的深入及写作的开展，我们越发地感到迷茫，发现自己所知所学不过是冰山一角，于是我们根据各自掌握的知识，一次次通过视频会议研讨书写内容，调整写作目标和提纲，遇到瓶颈时互相打气，遇到困难时互相启发，最终完成《宏观经济形势与国网公司发展战略——学习研究汇编》的编写。

本书共分为四篇，由范晓禹负责统稿，编写组成员负责校稿。

第一篇：系统领悟我国新发展格局，由刘兆雄编写。从经济史的角度，以新中国成立以来宏观经济政策的变化为线索，对不同历史阶段我国的经济发展格局形成过程进行了分析与总结，并结合党的十九届五中全会会议精神，对新发展阶段、新发展理念、新发展格局下国家和国家电网有限公司（以下简称“国家电网公司”）的发力方向进行了探讨。

第二篇：世界、中国、电网，由肖毅编写。首先，分析了世界格局的新变化，并分析了我国的新发展格局对世界的影响。其次，对新中国成立以来，经济发展的三个关键阶段进行了回顾与梳理。最后，聚焦国家电网公司，对电网在新形势下的责任与担当进行了探讨。

第三篇：新发展格局与国家电网公司的新角色，由王宁编写。首先，系统梳理了新发展格局的演进过程，并从我国内部、外部及内外结合三个角度对构建新发展格局的必要性进行了分析。其次，从深化改革、创新驱动、对外开放三个层面对如何构建新发展格局进行了阐述。最后，从国家电网公司在保障国民经济、服务美好生活和践行能源革命三个角度对国家电网公司在新发展格局中的定位进行了探讨。

第四篇：供给侧结构性改革与国家电网公司的能源转型发展，由范晓禹编写。本部分紧密结合习近平新时代中国特色社会主义经济思想与党的十九届五中全会精神，从为什么、是什么、怎么做、国家电网公司如何深化落实，这四个层面分析中国实施供给侧结构性改革的逻辑思路和推进路径，深度思考国家电网公司作为责任央企在降电价、新基建、发展综合能源、建设能源互联网、落实“四个革命、一个合作”、对标“碳达峰、碳中和”等方面的责任担当。

在本书编写过程中，通过对习近平新时代中国特色社会主义经济思想的深入研究，我们深深地被它的革命性、时代性和科学性所折服。同时，为我国在习近平新时代中国特色社会主义经济思想指导下经济建设所取得的成就而骄傲。

当今世界正经历百年未有之大变局，新一轮科技革命和产业变革深入发展，国际力量对比深刻调整，国际环境日趋复杂，不稳定性、不确定性明显增加，新冠肺炎疫情影响广泛深远，经济全球化遭遇逆流，世界进入动荡变革期，单边主义、保护主义、霸权主义对世界和平与发展构成威胁。

面对前所未有的复杂环境和多重挑战，无论是主张国家采取扩张性经济政策，通过增加需求促进经济增长的凯恩斯主义，还是反对国家干预经济生活、主张市场调节，实行自由放任经济政策的自由主义，均未能使西方经济摆脱低迷。

而面对同样的环境和挑战，我们的党和国家以人民至上、生命至上诠释了人间大爱，用众志成城、坚韧不拔书写了抗疫史诗。艰难方显勇毅，磨砺始得玉成。在以习近平同志为核心的党中央的坚强领导下，我们克服疫情影响，统筹疫情防控和经济社会发展取得了重大成果：“十三五”圆满收官，全面建成小康社会；“十四五”全面擘画，新发展格局加快构建，高质量发展深入实施，全面建设社会主义现代化国家新征程扬帆起航。由此可见，习近平新时代中国特色社会主义经济思想具有极强的指导作用，它深刻回答了新时代如何发展中国特色社会主义经济、怎样推动高质量发展的时代之问。

我们不但对习近平新时代中国特色社会主义经济思想进行了深入学习，也对马克思主义政治经济学以及西方经济学的经典著作进行了研究、对比，如亚当·斯密的《国富论》、大卫·李嘉图的《政治经济学及赋税原理》、凯恩斯的《就业、利息和货币通论》、马歇尔的《经济学原理》等。

马克思主义政治经济学，是马克思、恩格斯根据辩证唯物主义和历史唯物主义的世界观、历史观和方法论，批判继承历史上政治经济学特别是英国古典政治经济学的思想成果，通过对人类经济活动的深入研究而创立的，实现了人类经济思想史上的伟大变革。它深刻揭示了人类社会特别是资本主义社会经济运动的规律，科学论证了社会主义必然代替资本主义的历史趋势，为科学社会主义的创立奠定了可靠的基础，极大地丰富了人类经济思想的宝库。

习近平新时代中国特色社会主义经济思想继承了马克思主义政治经济学传统，科学运用马克思主义立场、基本原理和方法论来看待和解决新时代中国经济发展面临的新问题，是马克思主义政治经济学中国化的光辉典范。习近平新时代中国特色社会主义经济思想与其他经济思想相比，彰显了时代指导性的魅力，其中最突出的是蕴含其中的经世济民情怀。这种情怀体现了中国共产党人对人民群众的深厚感情。习近平总书记以兴党强国的历史担当、纵览风云的时代眼光、锐意创新的理论勇气，对我国经济建设做出深邃思考，形成了系统完备的经济思想体系，充分展现了当代中国共产党人的大胸怀、大境界、大担当。

我国力争于2030年前二氧化碳排放达到峰值、2060年前实现碳中和。这是党中央在新形势下，统筹国际国内两个大局做出的重大战略决策，是应对气候变化、推动构建新发展格局和经济高质量发展的重要抓手。“碳达峰、碳中和”行动既是构建新发展格局主要目标之一，也是重要手段和重要内容。

电网一头连着能源生产，一头连着能源消费，是能源开发利用的基础平台。国家电网公司作为落实“四个革命、一个合作”能源安全新战略的排头兵，在2020年3月新冠肺炎疫情肆虐的关键时期提出了“建设具有中国特色国际领先的能源互联网企业”的发展战略目标，体现了“大国重器”的责任担当。“碳达峰、碳中和”践诺目标对国家电网公司再次提出了更高要求。国家电网公司将推动能源结构和布局优化，构建多元化清洁能源供应体系；加快电网向能源互联网转型升级，打造清洁能源优化配置平台；推动全社会节能提效，提升终端电气化水平；推进电力系统技术装备创新，提升系统安全和效率水平；推动健全市场机制和政策体系，完善电力市场机制，推动出台相关支持政策。

作为国家电网公司员工，过去可能不会觉得自身工作与供给侧结构性改革有何关系，也不会觉得日常工作涉足国家经济高质量发展。通过系统学习、研究习近平新时代中国特色社会主义经济思想，对于如何在工作中落实党的十九届五中全会的工作部署有了更清晰的认识，对国家的大政方针有了更深的理解、更强烈的拥护、更积极的贯彻落实，对我们的日常工作有了更深的情怀。

2021年元旦刚过，新冠肺炎疫情袭击石家庄，我们有人封闭在家，有人坚守岗位，相同的是我们都没有放下本职工作，都在守护着万家灯火。同时，我们都没有停下手中的研究与写作，努力写出有高度、有深度、有温度的文字，希望尽快用此书的分享来迎接石家庄人民抗击疫情的胜利。

编写本书，是对习近平新时代中国特色社会主义经济思想学思践悟的过程，是教学、培训、咨询工作的延伸，也是服务党中央和国家电网公司工作的一种实现形式。本书的编写过程，也是我们不断学习、加深认识、提高水平的过程。希望读者阅读本书后，可以加深对国家大政方针和经济发展政策的认识，增强对国家电网公司发展战略的理解，让工作多一份意义，肩上多一份责任。

编写此书过程中学习借鉴了大量书籍著作和网上文摘，在此向原作者表达深深敬意和浓浓谢意，感谢不曾谋面的师者让我们有机会站在你们的肩膀上成长。由于时间仓促，加之我们几位作者学识浅陋，本书有许多不当之处，敬请读者原谅。

编　者

2021年3月15日

目　　录

第一篇　系统领悟我国新发展格局

第二篇 世界、中国、电网

第三篇 新发展格局与国家电网公司的新角色

第四篇 供给侧结构性改革与国家电网公司的能源转型发展

宏观经济形势与国家电网公司发展战略

Passage 1

第一篇　系统领悟我国新发展格局

本篇内容提要

工业是立国之本、强国之基，一个国家的工业能力往往也影响着经济水平。经过70多年的发展，中国成为全世界唯一拥有联合国产业分类当中全部工业门类的国家，在世界500多种主要工业产品当中，有220多种工业产品中国的产量占据全球第一。在工业的带动下，我国的经济发展取得了世界瞩目的成绩。但是自新中国成立以来，经济建设是一个曲折的过程。经济发展路线是党以人民为中心，根据客观条件做出的理性选择，而经济发展是以内循环为主还是以外循环为主，是当时所处的历史阶段和内外部环境等因素决定的，是经济发展的客观结果。

2020年4月以来，习近平总书记在多次会议讲话中强调，要加快形成“以国内大循环为主体、国内国际双循环相互促进的新发展格局”。党的十九届五中全会通过的《中共中央关于制定国民经济和社会发展第十四个五年规划和二〇三五年远景目标的建议》再次提出，要加快构建以国内大循环为主体、国内国际双循环相互促进的新发展格局。这是对“十四五”和未来更长时期我国经济发展战略、路径做出的重大调整、完善，是着眼于我国长远发展和长治久安做出的重大战略部署，对于我国实现更高质量、更有效率、更加公平、更可持续、更为安全的发展，对于促进世界经济繁荣，都会产生重要而深远的影响。

本部分内容，旨在分享对“双循环”深意的理解，更加系统地剖析内涵。本部分从经济史的角度，以新中国成立以来经济政策的变化为线索，对不同历史阶段我国经济发展格局的形成过程进行了分析与总结，并结合中央会议精神，对新阶段、新理念、新发展格局下国家和国家电网公司的发力方向进行了探讨。

第一章　1949—1978 年：赶超战略下的内循环格局

第一节　内部基础薄弱

新中国成立之初，百废待兴。当时我国的经济基础薄弱，主要体现在四个方面。

一、通货膨胀及财政赤字严重

财政是一个国家的命脉，而财政主权更是影响着一个国家的命运和前途。一个国家或地区，如果出现了严重的通货膨胀，同时伴随着巨大的财政赤字，那么可以说这个国家或地区面临着异常严重的危机。经济的危机很容易滋生、衍生出其他危机，严重的可能会影响到国家的统一和稳定。

在新中国成立之时，虽然我们在军事方面势如破竹，国民党和其他反动势力没有能力动摇我们武装斗争的全面胜利，但是在经济和金融方面，严重的通货膨胀和财政赤字为经济复苏制造了巨大的困难。通货膨胀和财政赤字主要有以下两方面原因。

一方面是国民政府留下的“烂摊子”。我们在解放国民党控制区后，为了尽可能使人民生活不受影响，需要逐步回收国民政府的法定货币，但是国民政府发行了海量的法币。1937 年 1 月，流通的法币只有 13 亿元，但是随着国民政府挽救经济的失败，央行疯狂印钱，导致 1948 年末流通法币达到了 24558.999 万亿元。新中国成立前夕，与 1936 年相比，通货膨胀了 31667 万倍。

另一方面，出于解放战争的需要，解放区也存在一定人民币超发情况。1949 年，解放区财政收入相当于粮食 303 亿斤，而财政支出却达 567 亿斤，赤字 264 亿斤，赤字占总支出的 46.56%。人民币自 1948 年 12 月开始发行到 1949 年末，一年内增加了 160 倍，至 1950 年 2 月更增加到 270 倍。

二、农业生产资料匮乏

新中国成立之初，我国还是落后的农业国。由于农业工业化水平低，所以农业的发展受人力、耕地面积、农具等生产资料的约束较大。同时，由于水利等基础设施欠缺，农业的发展受地域和气候影响较大。如果降水充沛，那么可能会是个丰收年；如果遇上干旱，那很大可能是个荒年，部分地区甚至会出现颗粒无收的情况。当然，影响农业生产最大的还是连年战乱。

1949 年，受战争影响，全国牲畜比战前减少了三分之一，耕牛、锄头等主要农具数量减少了 30%。同时，战争对男性劳动力的损耗也是空前的，尤其是农村地区劳动力明显减少，仅华北地区，就比战前减少了三分之一。全国受灾农田达 12795 万亩，约占当时总耕地面积的 8.71%，粮食总产量由抗日战争前最高的年产 15000 万吨下降至 1949 年的 11218 万吨。棉花、油料与战前最高年份相比均减产近 50%。灾民达 4000 万人，其中无吃、缺吃的灾民有 700 万人。1949 年 12 月中旬，华东、华北因旱涝灾害而缺粮，根据最低限度的估算，华东、华北共缺粮 145 万吨。作为一个农业国，农业生产如果无法为经济发展注入动力，那么经济的复苏将非常困难。

三、工业基础几乎为零

民国时期，我国的工业生产能力就非常有限，多年的战乱使国民经济陷入泥潭，自然也不具备发展工业的基础。关于新中国成立之初工业生产能力的描述，最著名的是毛主席的感慨：“我们能造桌子椅子，能造茶壶茶碗……但是，一辆汽车、一架飞机、一辆坦克、一辆拖拉机都不能造。”这还是 1954 年的情况，那么 1949 年是什么情况呢？

由于工业生产的基础物资也遭到大量劫掠或破坏，工业生产总值较抗日战争前显著下降，1949 年工业总产值比 1936 年下降一半，其中重工业下降尤为严重，钢铁生产 1949 年比 1943 年降低了 90%，煤炭生产 1949 年比 1942 年降低 50%。1949 年，我国钢产量只有 15.8 万吨，只占当年世界产钢量的 0.1%。新中国成立时，中国钢铁工业只剩 7 座平炉、22 座小电炉，生产能力所剩无几；发电设备总数仅剩 114.6 万千瓦左右。工业基础几乎为零的局面，使得工业发展异常艰难。

四、硬通货储备所剩无几

硬通货储备是法定货币失去信用时，能够用来交换物资的重要资本。在第二次世界大战期间，美国向世界各国出售武器和战略物资，均要求以黄金交易。黄金就是一种重要的硬通货，可以说硬通货储备的多少，决定了一个国家在世界范围内购买力的多少。当然，国与国之间也会通过原油、粮食等作为交换媒介，但是这种物物交换的交易物通常比较有限，而且交易中弱势的一方非常容易遭遇强势一方的打压。例如，20 世纪 60 年代我国与苏联关系恶化后，我国用于偿还贷款的大批花生、苹果等物资运送到苏联后，苏联方面以物资质量未达到标准为由拒绝收货，我国就只能再运送符合苏联标准的物资进行还债。

1949 年，在国民党准备撤往台湾时，就带走了国库几乎全部的黄金以及其他硬通货。根据《人民日报》上的一份研究结果，国民党撤离大陆前，先后 3 批运去台湾的黄金共 277.5 万两，银圆 1520 万元。上海解放后，中央银行被接管时，只剩黄金 6180 两，银圆 154.66 万元，以及少量外币。

国民党在退守台湾后的一段时间内，台湾的经济能够飞速发展，一定程度上是国民党搜刮带走的硬通货支撑的。

第二节　外部遭遇封锁

第一节中，我们简单回顾了新中国成立之初，内部薄弱的经济基础。下面，我们将回顾当时我国的对外贸易环境。

一、被资本主义国家封锁

新中国成立之初，政府秉持“在平等和互利的基础上，与各外国的政府和人民恢复并发展通商贸易关系”的准则，筹划与世界各国互通有无。新中国成立后，实施“一边倒”的战略，坚定地站在以苏联为首的社会主义阵营一边。以美国为首的西方主要资本主义国家将新中国列为冷战对象，对新中国实行封锁、禁运。

1949 年 11 月，在美国的策划下，美国等 14 个资本主义国家在巴黎成立“巴黎统筹委员会”，对以苏联为首的社会主义国家实行封锁、禁运，新中国成为封锁、禁运的重点对象。1950 年 6 月朝鲜战争爆发后，美国等西方国家扩大了对华封锁、禁运的范围，同年 12 月，美国宣布对华实施全面封锁和冻结外汇。1951 年 5 月，美国又操纵联合国大会通过决议，对新中国实施全面禁运，对我国实施禁运的国家多达 36 个。

以美国为首的西方国家对我国的封锁和禁运，使我国与这些国家失去了贸易往来的基础。一些基础物资都不能交易，那么关系到工业、经济社会发展的战略物资自然更无从获得。中国同西方国家的贸易额呈断崖式下跌。从西方国家进口贸易的绝对值从 1950 年的 8.2 亿元降为 1951 年的 0.8 亿元，对西方国家的出口贸易绝对值从 1950 年的 6.7 亿元降为 1951 年的 0.8 亿元。为了打破西方的封锁，恢复和发展与世界各国的贸易往来，新中国加强了同苏联和东欧国家的贸易关系。

二、与社会主义国家贸易

新中国成立之初，毫无疑问，苏联是世界社会主义阵营的带头人。所以在外贸方面，我国积极与苏联开展贸易。

1949 年末，我国与苏联签订了《中苏友好同盟互助条约》《关于中国长春铁路、旅顺口及大连的协定》《关于贷款给中华人民共和国的协定》以及由苏联帮助中国建立与改造 50 个企业的协定。1950 年，我国与苏联签订“中苏贸易协定”。随后，与民主德国、匈牙利、罗马尼亚、保加利亚、阿尔巴尼亚、朝鲜、蒙古、越南相继签订了贸易协定，并开展贸易。从此揭开了新中国对外经济交流实践的新篇章。

20 世纪 50 年代，我国一共从苏联获得了 14.27 亿美元的贷款，这些贷款主要用于从苏联引进了 156 个项目，这 156 个项目涉及工业的基础领域，如钢铁、化工等，为我国后续开展工业建设奠定了坚实的基础。

第三节　优先发展重工业，建立内循环

前两节我们回顾了新中国成立之初面临的形势和困难。我国作为

落后的农业国，为了尽快实现独立自主、富国强兵的目标，需要迅速实现工业化，保证物质基础。

良性的经济循环能够帮助一个国家快速积累财富，迅速实现经济腾飞。对于新中国来说，如果优先发展轻工业或消费品工业，那么人口占80%—90%并且多处于贫困状态的农村，会使发展遇到市场狭小、需求不足的情况，从而无从取得工业化所必需的资本积累。而重工业具有自我服务、自我循环的特征，优先发展重工业可以绕开我国当时的自身劣势，通过农业品与工业品的不等价交换，由农业为工业增长提供资金和劳动力。

但是当时的中国还要面临另外一个问题，那就是重工业的基本特征与中国经济现实背离，无法依靠市场的力量建立经济循环，所以就要建立一套与发展目标相匹配的经济运行模式。当时所建立的经济运行模式至今在一定程度上仍影响着中国的经济社会发展。下面我们从四个方面进行梳理。

一、“三位一体”制度

所谓的“三位一体”就是国家宏观上扭曲价格信号、行政上计划配置资源、微观上剥夺企业自主权。那么，为什么要这样安排呢？我们按照目标导向的思路进行分析。

重工业是资本高度密集的产业，具有三个主要特征：（1）建设周期长；（2）关键技术、设备需要从国外进口；（3）每个项目一次性的投入大。我国当时以农业为主，剩余资金非常少，这意味着：（1）资金积累少，资金的价格就会非常高；（2）可出口的产品少，外汇少，外汇价格高；（3）生产分散，要动员资金非常困难。

从以上三对特性的比较中可以看出，重工业的特性和发展中国家的现实之间存在着巨大的矛盾。首先，我们没有能力支付一个建设周期长的项目的高额利息。其次，没有足够的外汇进口必要的设备。最后，支撑经济发展的农业由分散的亿万户农户进行生产，动员资金非常困难。为了解决这些困难，需要人为压低利率、高估本国汇率、压低原材料价格、压低工资、压低所有生活必需品的价格。

我们把这一套扭曲的价格体系安排称为扭曲的宏观政策环境，它通过扭曲的价格信号影响到每个企业。但是，价格信号被扭曲以后，市场均衡就会被打破。压低某种要素的价格，对这种要素的需求就会大于供给，需求增加而供给减少就会形成短缺，进而导致对资金、外汇、原材料的需求全面大于供给。为保证短缺的资金、外汇、原材料用到国家优先发展的产业上，就不能依靠市场来配置资源。在这种状况下，就必须要有国家计划，把所有行业排出一个优先顺序，并且利用行政的手段根据计划对这些短缺的资金、外汇和原材料进行配给。

通过这套扭曲价格和计划配给的体系，不仅可以让国家优先发展的产业中相关链条的企业建立起来，还可以保证它们拥有很高的利润。同时，为了保证剩余能够投入重工业中，就需要国家对剩余有分配权和指示权。新建工厂由国家投资，实现了国家对新建工厂的绝对控制。而已经建成的工厂为了实现国家的绝对控制，就要实行国营化，第一个五年计划之内，所有民族资本主义企业就通过公私合营的方式全部收归国有。就这样，形成了一套最大程度动员剩余支撑工业发展的"三位一体"制度。

二、统购统销

前文对优先发展重工业而产生的制度安排进行了分析，优先发展重工业所需要的剩余积累，底层逻辑就是农业补贴工业、农村补贴城市。通过国有化，将城市侧——工业相关的生产要素都控制在了国家手中，那么作为剩余重要来源的农村和农产品，也必须受国家控制。为了实现剩余最大程度动员，统购统销随之产生。

从 1953 年开始，政府对粮食和棉花进行统购。统购就是规定农民交售出满足政府购买任务的粮食和棉花数量以后，剩余的产品才能够卖向农村的农贸市场；在没有满足之前，只能卖给国家，国家是唯一的购买者，因此可以自由定价。开始的时候，统购的只是粮食和棉花。但是，1954 年以后所有的产品都开始进行统购，包括芝麻、花生、鸡蛋等。因为如果只压低粮食和棉花的价格，农民就会少生产粮食和棉花，多生产那些价格没被压低的产品。同时，城市实行统销制度，统销是指卖给谁由国家统一计划，卖给哪些企业也是由国家统一计划，像粮食等生活必需品也必须按照国家统一计划（凭粮票、棉票和布票）购买。

三、合作化运动

在统购统销的政策运行之下，政府严格控制农产品收购和销售的价格。但是也有政府无法控制的事，那就是农民分配个人生产和休息时间的自由度。产品的价格降低以后，农民的生产积极性降低，生产效率降低。同时，随着工业的发展，城市里的需求不断增加，这就造成了农产品供给和需求之间的矛盾。为了提升农业生产效率，国家鼓励农村开展合作化。合作化运动也经历了不同的阶段。

1953—1954 年，推行的是互助组。互助组的农户仍然各自占有农具、土地等生产资料，通过互助组在一定程度上提升了农业生产的规模程度，提升了产量。政府看到互助组受到农民的欢迎，而且有实际的成效，但是三五户的规模还是太小，所以从 1954 年开始推行初级合作社。初级合作社由 20—30 户农户组成，将近是一个自然村（特别是江南农村）的规模。在初级合作社中，把土地集中了起来，按照带入社的生产资料（如土地、农具等）以及劳动贡献（劳动时间、工作量）进行分配，初级合作社收效显著。1956—1957 年，政府又开始推行高级合作社，户数在 150—200 户，高级合作社不再把生产工具分开，实行完全的按劳分配。高级合作社在 1956—1957 年依然收到了不错的效果，规模经济继续发挥作用，产量持续增加。既然产量还在增加，到了1958年的时候，政府便有理由认为150—200户的规模还不够，于是干脆更大一些，也就成了后来的人民公社。人民公社于1958年8月出现，在短短3个月的时间里，就在全国铺天盖地地开展起来，到11月时全国99%的农户都参加了人民公社。平均而言，一个公社有5000家农户、10000个农民和60000亩地。人民公社实行按需分配，吃公共食堂。由于过于迷信规模经济，过快推广人民公社，在一定程度上阻碍了生产力的发展。由于人民公社的生产模式使经济发展出现了严重的问题，1962年开始，人民公社的生产恢复到以生产队为单位，生产队基本上是初级社的规模、高级社的分配方式，这种生产方式一直持续到1976年末。

四、对外贸易制度

外贸政策方面，1956年以后，为适应国内经济的集中计划体制，建立了以国家高度垄断为特征的对外贸易体制，即由各行业建立的国营进出口总公司统一经营所属行业的进出口业务；进出口按国家计划委员会下达的指令性计划进行，出口商品实行计划收购，进口实行计划调拨销售，由国家财政统负盈亏。在这种体制下，进出口贸易的功能被定位在“互通有无”和“调剂余缺”上。

20世纪60年代初，我国愈发强调“自力更生”，在国内鼓励各个地区建立“独立的经济体系”，在对外经济关系上更是进一步采取了闭关自守的政策。从那时起到20世纪70年代，对外贸易一直处于停顿不前的状态。1978年以前，我国对外贸易依存度一直保持在10%以下。从经济结构上看，这一时期我国经济发展基本只依靠国内循环。

第二章　1978—2006 年：改革开放形成外循环格局

我们采用优先发展重工业的战略虽然在军事工业和航天工业等方面实现了赶超发展，但是整体的经济情况和人民生活水平与发达国家的差距没有缩小，反而大幅扩大。为了发展经济，需要改变原来的经济循环模式，加入世界循环，借助外循环进行剩余积累发展经济。下面我们一起看看 1978 年后我国是如何加入世界循环的。

第一节　内外部环境发生变化

一、外部变化为对外贸易提供更多可能性

新中国成立之初，新生的人民政权面临着错综复杂的国际环境，在对外关系方面我们执行的是“一边倒”战略，坚定地站在以苏联为首的社会主义阵营一边。虽然这样的战略导致我国被以美国为首的西方资本主义国家封锁、禁运，但是使我们与社会主义阵营的国家能够开展贸易，并接受苏联的援助。

20 世纪 60 年代，随着与苏联关系的恶化，一段时期内我们面临着西方资本主义世界和以苏联为首的社会主义阵营的双边孤立。国际大国间多边关系的变化是一个复杂、渐进的过程，20 世纪六七十年

代，国际的对立主要是美苏两个巨头带领下两大阵营的冷战。所以，中国的对外关系无疑需要放到美苏冷战的背景下讨论。

随着美国在与苏联的争霸中处于下风，以及中国与苏联在边境发生冲突，中美双方都考虑需要与对方发展进一步的关系。从 1970 年开始，中美双方均发出缓和关系的信号，双方领导人通过间接的方式进行接触，美国取消了对华的贸易限制，中国邀请美国乒乓球代表团访华。1972 年，中国与美国的关系松动，与日本邦交正常化，并开始转向与西方国家发展贸易。特别是在 1977—1978 年，进口了许多套大型工矿设备，仅 1978 年一年，就签订了 22 个大型项目的引进合同，包括化肥、冶金等领域，项目金额达 78 亿美元。进出口贸易也有了较快的发展。与西方国家贸易和关系的正常化，为我国赢来了更多的市场和技术进口渠道，为中国经济的对外开放提供了外部基础。

二、内部变化产生对外开放的思想和政策基础

前文我们回顾了我国是在怎样的经济基础下建立了怎样的经济运转模式。计划经济的突出优势是可以使用强制的方法进行资源动员，并配置到国家希望投入的领域，这样可以集中优势资源发展最需要发展的行业和领域。但是计划经济的劣势也很突出，受技术和体制所限，信息的获取、传输成本过高，在发展目标变化后，无法根据实际需求有效地配置资源，同时由于缺乏必要的激励机制，经济的运行效率比较低。

关于计划经济的弊端，早在 1956 年 4 月，《论十大关系》中就提出权力过分集中于中央，管得过多，统得过死。随后于 1958 年进行的“体制下放”以期望提升经济运行效率，但是过于脱离实际的发展目标使此项工作偏离了最初的预期，对经济发展造成了严重的影响。虽然此后进行过多次类似于 1958 年“体制下放”的工作，但是由于存在社会主义只能采取行政命令配置资源这样的意识形态障碍，所以历次工作都以收紧政策告终。在“一放就乱”“一管就死”的循

环下，形成了“放—乱—收—死”的怪圈。

1978 年 5 月 11 日《光明日报》发表评论员文章《实践是检验真理的唯一标准》后，全国掀起了一场以“解放思想”为基本内容的启蒙运动。在这种氛围下，中央决策层提出了改革的问题。1978 年 7—9 月召开的“国务院务虚会”，认真总结了新中国成立近 30 年的经验教训，研究了国外成功经验，就如何正确运用价值规律、改革经济体制、坚持按劳分配、发展农村多种经营等问题，特别对如何加强技术引进、扩大外贸出口、采取灵活方式利用国外资金等问题，进行了深入讨论。1978 年 12 月召开的十一届三中全会决定把党的工作重点转移到经济建设上，实行改革开放新决策。内部的一系列变化为经济的开放提供了思想和政策基础。

第二节　增量改革探索尝试

改革开放初期，我国采取增量改革的方式进行改革，目的是在不伤害既得利益的前提下增加另一部分人的利益，通过政府导向式的改革，减少传统体制上的边际效益，从而减少改革的阻力。国家的策略是，在保证计划经济主体地位和国有经济主导地位的前提下，在制度上做出变通，允许私有经济的发展，并在部分行业和领域引入市场机制，为发挥人民群众的自主性和创造性提供一定空间。

经济领域的改革，尤其涉及体制机制，是一个逐渐发展、逐渐扩大范围的过程，笔者认为国企改革、区域开放、农业改革和丰富经济模式四个方面在增量改革阶段比较有代表性，所以主要从以下四个方面进行回顾和讨论。

一、国企改革

国企改革最初的思路是扩大企业自主权，主要包括“放权”和

“让利”两方面内容。

“放权”就是将一部分过去掌握在政府手中的控制权下放给企业的管理层，放松政府机构对企业的计划管理，允许企业管理层根据自身经营情况做出主动的选择和调整。这样的放权，减少了信息流通环节，实现了信息到决策过程的扁平化，能够让靠近生产一线的企业管理层根据行业趋势和自身特点快速做出提升企业效率的调整。

“让利”就是将一部分财政权力下放，最初是允许企业保留一部分利润，形成“职工奖励基金”“职工福利基金”“生产发展基金”，并由企业自行支配。在 1983—1984 年“利改税”改革后，将国有企业上缴财政的大部分利润改为以企业所得税、调节税等形式向财政缴纳，余下的部分留归企业。1994 年税收制度改革之后，国有企业除按统一的税率上缴企业所得税外，不再向国家财政上缴利润。

扩大企业自主权开始于 1978 年 10 月，四川省首先选择了重庆钢铁厂等 6 家企业进行了“扩大企业自主权”的试点。最初下放企业管理层的权力有四个方面。一是在增产节约的基础上，企业可以提取一定数额的利润留成，向职工个人发放奖金；二是在完成国家计划的前提下，增产市场需要的产品，承接来料加工；三是销售多余的物资，销售商业部门不收购的产品和试销新产品；四是提拔中层管理干部。

通过放权、让利，充分地调动了企业生产、发展的积极性，试点单位的生产热情空前高涨，生产效率也随之提升。因为试点单位效果显著，1979 年 7 月，国务院颁发《国务院关于扩大国营工业企业经营管理自主权的若干规定》《关于国营企业实行利润留成的规定》和 5 个相关文件，向全国企业推广扩大企业自主权和实行利润留成的改革措施。1980 年，这些措施推广至全国 6600 家国有大中型企业，这些企业占全国预算内工业产值的 60%、利润的 70%。

一开始，“扩权”显著地提高了企业职工增产增收的积极性。但是，它的局限性也很快表现出来。在试点单位开展时，社会、政府等多方的注意力集中在几家试点单位上，试点单位在使用自主权进行决策时不会出现违背常理、法律的过分行为。但是“扩权”推开后，由于监管和约束制度的缺失，企业增产增收“积极性”的发挥并没有帮助社会资源有效配置和社会收益增加，反而导致了经济秩序混乱、财政赤字剧增和通货膨胀等问题。

1980年末，政府决定对国民经济进行调整，国有企业也由“扩权”改革转向强化企业完成国家计划的“责任制”。1984年5月国务院发布的《关于进一步扩大国营工业企业自主权的暂行规定》（“扩权十条”）和1992年7月23日国务院发布的《全民所有制工业企业转换经营机制条例》（转机条例）再次赋予国有企业多项自主权。

二、区域开放

新中国成立之后，我国的区域发展战略服务于国家政治和安全战略，比较突出的例子是1964年的三线建设。这种实际上算是区域平衡的发展战略，除了新中国成立初期的国际政治环境与备战需要外，也是为了改变曾经遗留下来的沿海与内地布局畸轻畸重的格局。1956年，毛泽东的《论十大关系》明确指出：“沿海的工业基地必须充分利用，但是，为了平衡工业发展的布局，内地工业必须大力发展。”同时，《中华人民共和国发展国民经济的第一个五年计划》也明确指出：“在全国各地区适当地分布工业的生产力，使工业接近原料、燃料产区和消费地区，并适合于巩固国防的条件，来逐步地改变这种不合理的状态，提高落后地区的经济水平。”在计划经济背景下，国家重大项目大量向中西部地区倾斜，并逐步形成全国工业布局相对均衡、各大经济协作区自成体系的格局。

1978年末召开的中国共产党第十一届三中全会决定将全党工作重点转移到经济建设上来，并且决定实行改革开放，中国经济社会发展由此进入了一个新的阶段。在这种情况下，区域发展战略要优先解决的问题是，如何通过改革开放，加快发展步伐。根据邓小平关于

“让一部分地区、一部分人先富起来，逐步实现共同富裕”和“两个大局”的战略思想，中国开始实行非平衡的、对部分地区倾斜优惠的发展政策，鼓励部分地区（主要是东部沿海地区）先发展起来，先富裕起来。

其主要政策内容是对部分沿海、沿江、沿边地区率先实行开放政策、优惠措施。1979 年，对广东、福建两省实行“特殊政策、灵活措施”。1980 年，在两省设立深圳、珠海、汕头和厦门 4 个经济特区。1985 年，对 14 个沿海城市（大连、秦皇岛、天津、烟台、青岛、连云港、南通、上海、宁波、温州、福州、广州、湛江、北海）实行开放政策，给予吸引外资优惠政策，并在每个城市设立一个经济技术开发区。1985 年，确定将珠江三角洲、长江三角洲和闽南三角洲开辟为沿海经济开放区，要求这些地区逐步形成“贸—工—农”型的生产结构，即按出口贸易的需要发展加工工业，按加工的需要发展农业和其他原材料的生产。1988 年，又将海南从广东省分立出来并设立海南经济特区，成为从区域面积来讲最大的经济特区。1988 年，国务院进一步扩大了经济开放区的范围，把辽东半岛、山东半岛、环渤海地区的一些市、县和沿海开放城市的所辖县列为沿海经济开放区。1992 年，中共中央、国务院又决定对 5 个长江沿岸城市，东北、西南和西北地区 13 个边境市、县，11 个内陆地区省会（首府）城市实行沿海开放城市的政策。1992 年，设立上海浦东新区。

所给予的优惠政策主要包括减免企业所得税、下放投资立项权、提高当地外汇留成比例、开放金融服务（允许境外金融机构在沿海地区设立总部或分支机构）、培育和发展资本市场（在深圳和上海建立证券交易所）等。

这个时期之所以采取这样的区域政策，主要是基于以下两点考虑。一是为了尽快发展和壮大国家整体经济。国家经济基础十分薄弱，而且财力有限，集中力量优先发展一部分地区效率更高。而沿海地区相对而言发展条件好，加之国家政策的倾斜和必要的物质投入，比较容易速见成效。二是为了推进改革开放政策。改革初期，无论是改革政策还是开放政策，都缺乏经验，只能是摸着石头过河，在一些地区先行试验。而沿海、沿边地区过去属于战备前沿，国有经济基础相对较为薄弱，而群众商品经济意识则相对较浓，因而比较适合作为改革开放政策的试验地。

三、农业改革

说到农业改革，可能大家第一个想起来的事件是 1978 年十一届三中全会前，安徽凤阳小岗村的 21 位农民以互相托孤的方式在“包产到户”的材料上按下了手印，盖上了印章。其实“包产到户”的农业改革，从 1956 年实现合作化到 1976 年，经历过三次反复。

在高级社刚普及不到 1 年的 1956 年秋，浙江温州、四川成都等地区的农村就自发出现了“包产到户”的做法，其中温州地区共有 1000 多个高级社，共 17.8 万农户实行了“包产到户”，占全区农户的 15%。该地区的“包产到户”经验被刊登在《浙江日报》上进行宣传。但是 1957 年夏，“包产到户”被贴上了“走资本主义道路”的标签，第一次“包产到户”的风潮随即停止。

随后在 1959 年，实现公社化后，很多地区的农业生产效率不但没有提高，反而严重影响了生产生活。面对吃不上饭的困难局面，部分地区又开始推行“包产到户”，但是很快庐山会议召开，开始开展“反右倾运动”，第二次“包产到户”随即停止。

1960 年发生的严重困难使集体经济已经完全失去了维持社员基本生存的条件。面对这种情况，安徽采取了“定产到田、责任到人”的方法推动生产恢复。1961 年 3 月，安徽全省农村将近 40% 的生产队推行该种做法，但是中央认为该种做法属于私有性质，随后进行了制止。

通过对前三次风潮的回顾，我们也能够理解为什么十一届三中全会前是安徽凤阳的小岗村率先开展了“包产到户”。虽然在十一届三中全会上，中央文件继续明确了不允许“包产到户”，但是对于已经推行“包产到户”的也没有干预。因为实施效果好，中央在 1980 年 5 月和 1982 年 1 月的两份文件中为“包产到户”和“包干到户”提供了政策基础。随后此种做法在全国范围内迅速推广，1982 年末，全国 93% 的生产队开始实行“包产到户”和“包干到户”。至此，农业改革完成了新中国成立之后最大的一步突破。

四、丰富经济模式

确定实施改革开放后，发展经济成为首要任务，农业的“包产到户”和“包干到户”在一定程度上也改变了原来国有经济是唯一经济成分的情况。为了进一步解放发展生产力，丰富经济模式，为人民提供更宽广的舞台成为改革的一项任务。逐步引入民营经济，总体上采取了以下五种方式。

一是开放个体经济。此种方式一开始是为了解决 1500 万上山下乡知识青年的回城就业问题。因为个体经济有效满足了人民生活中的需求，随后 1980 年 8 月发布的《中共中央关于转发全国劳动就业会议文件的通知》要求“鼓励和扶植城镇个体经济的发展”。1981 年 6 月，中共十一届六中全会通过的《中共中央关于建国以来党的若干历史问题的决议》肯定了“一定范围内的劳动者个体经济是公有制经济的必要补充”，正式承认个体经济的合法性。

二是允许个体业主雇工。当个体业主单靠个人能力无法扩大经营时，就需要雇用工人。然而在当时的环境下，雇工因为被看作“剥削”而被严格禁止。不突破这一禁区，民营经济就没有发展的空间。这时，在中共中央书记处研究室工作的经济学家林子力，在参与政府文件起草时援引马克思在《资本论》中设定的一个算例，用以论证个体工商业者少量雇工仍旧不是以占有他人劳动作为主要的生活来源，因而保持着劳动者的身份。这种意见在政治上获得通过以后，国务院在1981年7月《国务院关于城镇非农业个体经济若干政策性规定》中规定，个体经营户必要时“可以请一至两个帮手；技术性较强或者有特殊技艺的，可以带两三个最多不超过五个学徒”。从此，雇工8人，就成为划分个体企业和私营企业的分界线。

三是发展乡镇企业。乡镇企业的前身是农村人民公社和生产大队两级集体经济举办的社队企业，起源于20世纪50年代。1958年，广大农村掀起了办工业的热潮，社队企业一哄而起；而经历了国民经济大调整后，社队企业又大量下马。20世纪70年代中期，由于市场供给短缺，社队企业逐渐复苏。1979年，党的十一届四中全会通过的《中共中央关于加快农业发展若干问题的决定》正式确定了社队企业在中国经济中的地位。

1984年3月，中共中央、国务院转发农牧渔业部《关于开创社队企业新局面的报告》。这个报告高度评价了社队企业的地位和作用，不仅将社队企业改称为乡镇企业，而且赋予乡镇企业不同于社队企业新的性质和内容。在政策的扶持下，乡镇企业有了更大的自主权，发展速度明显加快。1985年1月1日，中共中央和国务院发布《关于进一步活跃农村经济的十项政策》，明确提出调整农村产业结构，积极发展多种经营的方针。乡镇企业开始突破所有制形式和经营行业的限制，由过去的社办、队办转变为乡办、村办、联户办和户办同时发展，由农副产品加工为主的产业结构拓展为农业、工业、商业、运输业、建筑业和服务业同时并举的产业格局。

四是发展外资企业。1978年，十一届三中全会确立了改革开放的方针，决定调整对外经济政策，要求各地、各部门的公有制企业“在自力更生的基础上积极发展同世界各国平等互利的经济合作”。1979年颁布的《中华人民共和国中外合资企业法》，标志着中国从禁止外商直接投资转变为积极鼓励外商直接投资。外商投资企业的方式被划分为三种类型：合资企业、合作企业和外商独资企业。针对利用外资所带来的争论，政府在1979—1988年先后创办了5个经济特区，确定了14个沿海城市率先开放。随着人们对外资看法的变化，各地政府从怀疑转为采取竞争性的政策，来吸引外商投资。

五是私营经济合法化。经过以上的改革，中国经济已向外资企业开放和有限度地向业主制企业开放，但是直到20世纪80年代初期，私人资本主义工商业仍在禁止之列。1982年12月通过的《中华人民共和国宪法》规定："中华人民共和国的社会主义经济制度的基础是生产资料的社会主义公有制，即全民所有制和劳动群众集体所有制。""国营经济是社会主义全民所有制经济，是国民经济中的主导力量。国家保障国营经济的巩固和发展。""在法律规定范围内的城乡劳动者个体经济，是社会主义公有制经济的补充。"这部《宪法》完全没有提到私营经济。

但是，在允许雇工的大门打开以后，私营经济迅速发展起来，雇工人数也突破了8人的限制。1987年，"十三大"明确提出鼓励发展个体经济和私营经济的方针。1988年4月，七届人大一次会议通过《宪法修正案》，其第11条规定："国家允许私营经济在法律规定的范围内存在和发展。私营经济是社会主义公有制经济的补充。国家保护私营经济的合法权利和利益，对私营经济实行引导、监督和管理。"当时，存在着国有企业和准国有的集体企业无法满足市场需求的巨大矛盾。于是，民间企业家就通过自己的创业活动来满足这种需求，同时也缓解了就业的压力。鉴于以上良多获益，地方政府通常会不同程度地对非国有经济成分的发展采取默认、保护乃至支持鼓励的态度。中央的所有制政策也不断做出微调，以便容纳更大规模和更高层次民营企业的发展。

这样，民营经济在国民经济中所占份额逐步壮大，国有经济所占份额逐步降低。到20世纪80年代后期，民营经济已经取得举足轻重的地位。

第三节 初步建立社会主义市场经济体制

改革开放后，在经历了10余年的增量改革尝试后，1992年10月十四大正式确立了社会主义市场经济体制的改革目标。建立新的经济体制，需要在经济组织方式变革的基础上增加服务于实体经济的财税、金融等方面的改革。当然，在建设社会主义市场经济体制过程中，原来采用增量改革的领域仍然会继续进行变革。笔者认为，在经济发展的不同阶段，变革有着侧重点。所以在这一阶段的经济政策变革回顾中，笔者选择财税、金融、外汇管理以及国企体制改革四个方面进行回顾和探讨。

一、财税改革

1993年11月召开的十四届三中全会通过了《中共中央关于建立社会主义市场经济体制若干问题的决定》。于是，建立适应社会主义市场经济的财税体制成为财税改革的着眼点，从1994年起，中国的财税体制改革踏上了制度创新之路。1994年的财税改革，重点是以下四个方面。

一是按照“统一税法、公平税负、简化税制和合理分权”的原则，通过建立以增值税为主体、消费税和营业税为补充的流转税制，统一内资企业所得税，建立统一的个人所得税制，扩大资源税的征收范围，开征土地增值税，以及确立适应社会主义市场经济需要的税收基本规范等一系列的行动，全面改革税收制度，搭建了一个新型的税收制度体系。

二是在根据中央和地方事权合理确定各级财政支出范围的基础上，按照税种统一划分中央税、地方税和中央地方共享税，建立中央税收和地方税收体系，分设中央税务机构和地方税务机构，实行中央对地方税收返还和转移支付制度，初步建立了分税制财政管理体制基本框架。

三是根据建立现代企业制度的基本要求，在降低国有企业所得税税率、取消能源交通重点建设基金和预算调节基金的同时，实行国有企业统一按国家规定的33%税率依法纳税，全面改革国有企业利润分配制度。

四是彻底取消向中央银行的透支或借款，财政上的赤字全部以举借国债方式弥补，从制度上斩断财政赤字与通货膨胀之间的必然联系。

这一轮财税体制改革突破了以往“放权让利”思路的束缚，走上了转换机制、制度创新之路。从重构适应社会主义市场经济体制的财税体制及其运行机制入手，既有利益格局的适当调整，也注重新型财税体制的建立。

随着1994年财税体制改革成效的逐步显现，游离于体制之外的政府收支和财政支出出现各种矛盾，逐渐演化为困扰国民收入分配和政府收支运行过程的“瓶颈”。于是，在20世纪90年代后期，以规范政府收支行为及其机制为主旨的“税费改革”以及财政支出管理制度的改革，先后进入中国财税体制改革的重心地带，并由此将改革带上了财税体制整体框架的重构之路——构建公共财政体制框架。

二、金融改革

金融改革涉及领域广泛，包括货币、信贷、债券、股票、保险、商品期货及其他衍生品等金融领域的市场建立、监管制度建立等。本部分内容主要讨论与实体经济相关性最大的信贷市场建立过程。

在计划经济体制下，银行资金采取“统存统贷”的计划管理体制。1979 年，这一体制改为“统一计划、分级管理、存贷挂钩、差额控制”。1981 年，再改为“统一计划、分级管理、存贷挂钩、差额包干”。1985 年，又进一步改为“统一计划、划分资金、实贷实存、相互融通”的管理办法，由专业银行的省分行在计划规定的额度内向同级中国人民银行分行借款，然后逐级下拨给自己的基层行；各基层行将分到的资金存入当地中国人民银行，逐步使用。

当时的专业银行既具有商业性职能，又要承担政策性的贷款业务，目标混乱，职责不清。一方面，政策性任务缺乏必要的资金保证；另一方面，经营性风险和亏损又被政策性任务掩盖起来。专业银行有利益驱动的信贷扩张冲动，却没有相应的风险约束机制。一方面，计划内贷款缺乏资金来源；另一方面，又以同业拆借、同业往来等形式增发贷款。一方面，官方规定的利率通常很低，在大多数年份实际利率呈负值；另一方面，合法市场上资金紧缺，黑市和灰市上资金价格（利率）畸高，巨大的利差导致腐败寻租活动盛行，货币供应也难以得到有效控制。

这段时期，官方利率经常处在实际资本资源难以通过市场得到有效配置，而主要由行政计划决定其分配的状况之下。在这种条件下，很难保证经济有效率地增长和宏观经济的稳定。相反，国民经济经常出现“大起大落”的波动。

20 世纪 90 年代，信贷市场经历了逐步规范的过程。在《中华人民共和国商业银行法》对信贷行为进行规范之后，中国人民银行于 1996 年 6 月 28 日颁布《贷款通则》，要求商业银行实行审慎经营原则，并从 1998 年起推广贷款五级分类方法，加强对信贷的风险管理。20 世纪 90 年代的信贷市场虽然有所规范，但由于国有商业银行在某种程度上依然依附于政府，信贷市场产生不良资产的机制依然存在，所以，不良信贷资产依然居高不下，信贷市场配置资金资源的效率依然不高。

三、外汇管理体制改革

在计划经济时代，我国一直实行本币价值高估的外汇政策。为了调动出口企业创汇的积极性，国务院于 1979 年 8 月决定继续实行外汇由国家集中管理、统一平衡办法，同时实行贸易外汇留成办法。所谓外汇留成是指出口企业将出口收入的外汇卖给国家后，国家按规定比例给予出口企业的地方外汇留成额度，使用外汇时，用汇单位用人民币配以额度，按国家规定的外汇牌价购买外汇。

外汇留成制度的主要缺点是，外汇供给和外汇需求错位，有外汇留成的企业并不一定需要使用外汇，有外汇需要的企业却往往没有外汇留成额度。这种供求的错位对开办外汇调剂市场产生了一种内在的需求。1980 年 10 月，国家外汇管理局批准中国银行在北京、上海等 12 个大中城市办理外汇调剂业务，外汇调剂市场与官价外汇市场并存的“双轨制”由此产生。

最初，外汇调剂的中介机构是中国银行，1986 年移交国家外汇管理局办理。最初参与外汇调剂的主体仅限于国营、集体企事业单位，1988 年起允许地方政府的留成外汇和华侨、港澳台同胞的捐赠外汇进入调剂市场，并从 1991 年 12 月 1 日起允许中国境内的中国公民及定居在中国境内的外国人参加外汇调剂。调剂价格最初以美元兑人民币的贸易内部结算价（1 美元合 2.80 元人民币）为基础，在 10% 的幅度内浮动。1988 年后放开了外汇调剂价格，调剂价格根据外汇供求自由浮动。1985 年末在深圳设立了外汇调剂中心，此后在其他经济特区也相继设立。1988 年在北京设立了全国外汇调剂中心，形成了全国统一的外汇调剂市场。

1993 年末，中国人民银行发布了《中国人民银行关于进一步改革外汇管理体制的公告》，决定从 1994 年 1 月 1 日起对外汇管理体制进行新一轮的改革。主要内容有：

第一，从 1994 年 1 月 1 日起，取消外汇上缴和留成，对国内机构经常项目下的外汇收支实行银行结汇和售汇制度。国内机构经常项目下的外汇收入，除国家规定准许保留的外汇外，都须及时调回境内，按照市场汇率卖给银行。国内机构经常项目下的外汇支付，可以凭进口合同或有效商业票据按照市场汇率向银行购买外汇。

第二，建立银行间外汇市场，改革汇率形成制度，将原有的外汇牌价和调剂价合二为一，实行有管理的浮动汇率制。外汇改革第一天人民币对美元的汇率为 8.72 元人民币兑换 1 美元，较 1993 年末的官方汇率 5.70 元人民币兑换 1 美元贬值 33.3%。

第三，1996 年下半年起将外资企业纳入银行结售汇体系，比原来的计划提前实行经常项目下人民币可兑换。

中国于 1996 年 12 月 1 日宣布正式接受国际货币基金协定第 8 款的规定，即包括避免限制经常性支付、避免施行歧视性货币措施等多项国际货币基金组织（International Monetary Fund，IMF）会员国的义务。

四、企业体制改革

1993 年十四届三中全会以后，国有企业改革实践转向以建立现代企业制度为主。1994 年 11 月，国务院批准了 100 家企业开始现代企业制度试点。到 1997 年，100 家中有 93 家转为公司制企业，其中多元股东持股的公司制有 17 家。1997 年党的十五大以后，中央又提出要用三年左右的时间，在大多数国有大中型骨干企业初步建立现代企业制度。根据国家统计局调查总队调查，到 2001 年末，所调查的 4371 家重点企业已经有 3322 家企业实行了公司制改造，改制企业中有 74% 的企业采用股权多元化形式，没有采用国有独资公司形式。

1994—1997 年，国家除了积极推进公司股份制改造、建立现代企业制度外，还启动了一系列改革措施，包括城市优化资本结构试点，积极推进试点城市国有企业兼并破产，降低切换有债务、分离企业办社会职能，“减员增效”、实施下岗职工再就业工程，实施“三改一加强”（改组、改制和改造有机结合及加强企业内部管理），学习邯郸钢铁厂经验、提高管理科学化水平，探索国有资产管理有效形式、设立国有控股公司，进一步进行企业集团试点，“抓大放小”搞活国有小型企业，等等。

自 1997 年开始，面对日益严重的国有企业亏损问题，中央实施国有企业三年脱困的改革攻坚战。围绕三年脱困，一方面，对纺织、煤炭、冶金、建材等行业进行结构调整；另一方面，1999 年下半年国家开始全面推进“债转股”，以减轻企业债务负担、促进企业扭亏为盈。同时，深化养老、失业、医疗等社会保障制度改革和推进下岗职工再就业。

2002 年党的十六大，在坚持继续调整国有经济布局和结构改革方向的同时，进一步明确关系到国民经济命脉和国家安全的大型国有企业、基础设施和重要自然资源等，要由中央政府代表国家履行出资人职责。在这个方针指导下，国有经济布局和结构不断调整和优化，国有经济活力、控制力和影响力不断增强。同时，这些战略性调整也为后续的国有资产管理体制改革奠定了实践基础。

第四节　加入 WTO，走向全面开放

中国原本就是世界贸易组织（World Trade Organization，WTO）前身的关贸总协定的缔约国。1986 年，中国提出恢复关贸总协定缔约国地位的申请。这一行动本身就意味着中国进一步向世界开放和融入世界经济体系的决心。在 2001 年 11 月正式获准加入 WTO 以前 15 年的谈判过程中，中国政府在多方面采取措施，如大幅度降低了关税壁垒、废止进口配额、完善法律和执法系统，使中国更加适应于

WTO 的要求。

自 2001 年加入 WTO 后，中国政府信守在加入 WTO 时所作出的广泛承诺，对外贸体制和外贸政策进行了全面调整。中国对外经济在法制建设、透明度、货物贸易、服务贸易、利用外资和保护知识产权等诸多方面都取得了长足的进步，中国的对外开放也进入一个以多边规则为基础、全面提升开放水平的新阶段。

一、中国嵌入世界分工体系

加入世界贸易组织后，中国在全球分工体系中的地位正在发生深刻的变化，一方面，劳动密集型产业是我国的比较优势所在；另一方面，新兴产业的竞争力日益增强，我国在全球生产链中占有的环节不断扩展，同时国内市场日益庞大，成为中国企业在世界市场上竞争的优势来源。

我国在劳动力价格方面与发达国家相比有巨大的优势。虽然在加入 WTO 前中资、外资均对劳动密集型产业进行投资，在加入 WTO 后，随着国内外市场的进一步拓展，劳动密集型产业得到了进一步发展。家电、服装、纺织品、鞋帽、箱包等产业的产值连年创造新高，但是大多是非核心部件的组装，附加值不高。

同时，随着加入 WTO，市场、行业的开放倒逼我国一些产业进行改革，提升自身的竞争力。其中，汽车行业就是非常有代表性的例子。入世前，汽车产业是个封闭的产业；入世后，随着市场的扩大，出现了一批具备一定竞争力的中资车企。

除汽车行业外，我国在风电产业、船舶工业等方面无论是市场占有率，还是产品的附加值方面，都做到了世界领先水平。随着产业升级步伐的加快，我国在制造业众多领域竞争力显著增强。我国与发达国家的经贸关系也从过去的互补性较强的纵向分工，逐渐演变为纵横交错、互补与竞争并存的关系。

二、融入世界循环的代价

中国在融入世界循环的过程中经济得到了飞速发展，人民的生活水平也日益增长，但是过去粗放式的发展模式，以及强调效率优先的发展方式对我国社会造成了一定程度的负面影响。

第一，付出的能源资源代价过大。长期以来，由于粗放的经济增长方式占主导地位，所以随着经济社会的发展，我国对能源资源的需求不断攀升。2000 年，我国煤产量 9.9 亿吨，而 2006 年已达到 23.8 亿吨，比 2000 年翻了一番多，但仍不能满足需要。2004 年，我国用 5 万亿吨资源创造了占世界 4.4% 的财富，而日本用 2 万亿吨资源却创造了占世界 16% 的财富。2006 年，我国经济总量占世界经济总量的 5.5%，但是我们却付出了占世界能源消耗 15% 的代价。其中，消耗的钢材占世界钢材消耗总量的 30%，水泥占世界消耗总量的 54%。我国能源形势相当严峻。石油对外依存度越来越高，使我国能源安全问题日益突出。国际能源和其他矿产资源价格的持续上涨，大大增加了产品成本和发展的不稳定因素。

第二，因矿难等不安全生产事故屡发，付出的生命代价过大。由于能源紧张，不安全的事故经常发生。2004 年，我国煤产量占世界 31%，而死亡的矿工占世界 79%。国家安监局新闻发言人黄毅在 2008 年 1 月 18 日表示，我国亿元 GDP 死亡率是先进国家的 10 倍；工矿商贸 10 万人事故死亡率是先进国家的 2 倍多；煤炭百万吨死亡率是世界平均的 5 倍多；道路交通万车死亡率是发达国家的 3 倍。

第三，生态恶化和环境污染造成的代价过大。随着能耗的迅猛增长，主要污染物排放量持续增加。2006 年，全国七大水源的 408 个水质监测断面中只有 46% 的断面满足国家地表水Ⅲ类标准，全国农村尚有近 3 亿人喝不上符合标准的饮用水。全国水土流失面积 356 万平方公里，占国土面积的 37%。沙化土地面积 174 万平方公里，且有扩展之势。草原超载过牧，退化草原面积已占草原面积的 90%。生态恶化和环境污染，给人民的生活和健康带来了严重的威胁。

第四，乱占耕地付出的代价过大。改革开放以来，我国曾几度出现过“开发区热”“房地产热”，后来又出现“大广场热”“宽马路热”“大学城热”，在利益的驱动下，一些地方肆无忌惮地乱占耕地。1996—2006 年，全国净减少耕地 1.23 亿亩，平均每年减少 1230 万亩，而这一时期全国净增人口 9000 多万。2006 年，全国耕地仅余 18.27 亿亩，人均 1.39 亩，仅为世界人均的五分之二，排世界第 110 位。所以，温家宝总理不得不大声疾呼“一定要守住全国耕地不少于 18 亿亩这条红线”。土地急剧减少的一个重要原因是地方政府违法用地，2005 年，国土资源部对 16 个城市进行监测，50% 新增建设用地违法，有的高达 90%。

第三章　2006年至今：逐渐构建双循环新发展格局

第一节　发展历程

虽然双循环是中央2020年才提出的，但早在2006年出台的“十一五”规划就明确了要扩大内需，转变经济增长方式。

2011年出台的“十二五”规划，明确了对于“两头在外”出口导向型发展战略进行全面修正，提出“立足扩大国内需求推动发展，把扩大国内需求特别是消费需求作为基本立足点，促使经济增长由主要依靠投资和出口拉动向消费与投资、内需与外需协调拉动转变”。2012年，中央经济会议果断提出要以“扩大内需、提高创新能力、促进经济发展方式转变”替代“简单纳入全球分工体系、扩大出口、加快投资”的传统模式。2013年提出的“新常态理论”要求对三期叠加面临的深层次问题进行梳理。2015年提出的新发展理念和供给侧结构性改革对于经济发展的问题进行了全面战略部署。2016年，“十三五”规划进一步在指导思想中要求“要准确把握战略机遇期内涵的深刻变化，更加有效地应对各种风险和挑战，继续集中力量把自己的事情办好，不断开拓发展新境界”。2018年，中央经济工作会议在深化供给侧结构性改革的基础上提出“畅通国民经济循环”“促进形成强大国内市场”。2019年，政府工作报告将“畅通国民经济循环”“持续释放内需潜力”“促进形成强大国内市场”作为报告的关键词。2019 年，第五次中央财经委员会决定，要“坚持独立自主和开放合作相促进，打好产业基础高级化、产业链现代化的攻坚战”。

2020 年 5 月 14 日，中共中央政治局常务委员会召开会议，提出“要深化供给侧结构性改革，充分发挥我国超大规模市场优势和内需潜力，构建国内国际双循环相互促进的新发展格局”。5 月 23 日和 7 月 21 日，习近平总书记分别在全国政协分组讨论和与企业家会谈中对“加快形成以国内大循环为主体、国内国际双循环相互促进的新发展格局”进行了深入阐述。7 月 30 日，中央政治局会议进一步提出“必须从持久战的角度加以认识，加快形成以国内大循环为主体、国内国际双循环相互促进的新发展格局，建立疫情防控和经济社会发展工作中长期协调机制，坚持结构调整的战略方向，更多依靠科技创新，完善宏观调控跨周期设计和调节，实现稳增长和防风险长期均衡”。

十九届五中全会再次提到“加快形成以国内大循环为主体、国内国际双循环相互促进的新发展格局”。可以看出，2020 年提出“双循环新发展格局”是在过去 10 多年持续探索的基础上，对过去各种政策构想和战略思维进行的全面提升和进一步综合的产物，是出口导向战略持续修正的结果。

第二节　核心意义

一、适应我国经济发展阶段的变化

经济发展是螺旋式上升的过程，也是分阶段的。不同阶段对应不同的需求结构、产业结构、技术体系和关联方式，要求发展方式与时俱进。改革开放以后相当时间内，我国人均收入水平较低，我们发挥劳动力等要素低成本的优势，抓住经济全球化的重要机遇，充分利用国际分工机会，形成市场和资源“两头在外”的发展模式，参与国际经济大循环，推动了经济高速增长，人民生活从温饱不足到全面小康。经过长期努力，我国人均国内生产总值超过1万美元，需求结构和生产函数发生重大变化，生产体系内部循环不畅和供求脱节现象显现，“卡脖子”问题突出，结构转换复杂性上升。解决这一矛盾，要求发展转向更多依靠创新驱动，不断提高供给质量和水平，推动高质量发展。这是大国经济发展的关口，我们要主动适应变化，努力攻坚克难，加快构建新发展格局。

二、应对错综复杂的国际环境变化

21世纪以来，新一轮科技革命和产业变革加速发展，世界贸易和产业分工格局发生重大调整，国际力量对比呈现趋势性变迁。2008年国际金融危机后，全球市场收缩，世界经济陷入持续低迷，国际经济大循环动能弱化。近年来，西方主要国家民粹主义盛行、贸易保护主义抬头，经济全球化遭遇逆流。新冠肺炎疫情影响广泛深远，逆全球化趋势更加明显，全球产业链、供应链面临重大冲击，风险加大。面对外部环境变化带来的新矛盾新挑战，必须顺势而为调整经济发展路径，在努力打通国际循环的同时，进一步畅通国内大循环，提升经济发展的自主性、可持续性，增强韧性，保持我国经济平稳健康发展。

三、发挥我国超大规模经济体的优势

大国经济的重要特征，就是必须实现内部可循环，并且提供巨大的国内市场和供给能力，支撑并带动外循环。经过改革开放40多年的发展，我国经济快速增长，国内大循环的条件和基础日益完善。从需求潜力看，我国已经形成拥有14亿人口、4亿多中等收入群体的全球最大、最有潜力的市场，随着向高收入国家行列迈进，规模巨大的国内市场不断扩张。从供给能力看，我国储蓄率仍然较高，拥有全球最完整、规模最大的工业体系和完善的配套能力，拥有1.3亿户市场主体和1.7亿多受过高等教育或拥有各种专业技能的人才，研发能力不断提升。从供求双方看，我们具备实现内部大循环、促进内外双循环的诸多条件，必须利用好大国经济纵深广阔的优势，使规模效应和集聚效应充分发挥。市场是全球最稀缺的资源，我们构建新发展格局和扩大内需，可以释放巨大而持久的动能，推动全球经济稳步复苏和增长。

第三节　重要举措

一、增强供给结构优化作用

着力优化供给结构，畅通国民经济循环，提升供给质量，建设制造强国、质量强国、网络强国、数字中国。对传统产业进行改造，着力发展战略性新兴产业，提升服务业水平。依法平等保护产权，为企业家捕捉新需求、发展新技术、研发新产品、创造新模式提供良好环境，提升企业核心竞争力。加快培育完整内需体系，完善扩大内需的政策支撑体系。增强消费对经济发展的基础性作用，全面促进消费，提升传统消费，培育新型消费，发展服务消费。发挥投资对优化供给结构的关键作用，拓展投资空间，优化投资结构，推动企业设备更新和技术改造，推进一批强基础、增功能、利长远的重大项目建设。坚持租购并举、因城施策，完善长租房政策，促进房地产市场平稳健康发展。

二、完善就业和收入分配制度

坚持经济发展就业导向，扩大就业容量，提升就业质量，促进更充分就业。健全促进就业和创业、增加劳动收入的制度条件。多渠道开发就业岗位，鼓励自主创业，促进机会公平和充分就业。建立统一规范的人力资源市场，打破城乡、地区市场分割，为劳动者提供优质高效的就业服务，让劳动者在平等竞争中获得合理报酬。建立高度透明的劳动力市场，完善我国就业制度，强化职业培训和再培训，促进劳动力合理流动。分配方式是否公平、合理，关系到社会成员各自获得物质利益的多少，决定着社会产品能否顺利、有效地进入消费过程，直接影响到整个经济社会的正常运行。收入分配制度不完善是内需不足的重要原因。因此，要坚持初次分配和再分配都注重效率与公平，再次分配更加注重公平的原则，深化收入分配制度改革。完善社会保障制度，增加居民即期消费。继续加大中央财政对落后地区低收入者群体的转移支付力度，通过完善社会保障制度和提高人们的收入预期来增加人们的消费倾向。

三、提升金融政策服务能力

坚持以服务实体经济为方向，对金融体系进行结构性调整，大力提高直接融资比重，改革优化政策性金融，完善金融支持创新的政策，发挥资本市场对于推动科技、资本和实体经济高水平循环的枢纽作用，提升金融科技水平。发挥好人工智能、大数据、区块链等金融科技的作用，通过科技变革为实体经济提供普惠化、个性化、智能化的金融服务。积极推进金融机构智能化转型，优化业务办理流程，实现零接触服务、全线上运作，让优质金融服务无处不在、触手可及。提升金融产品创新能力，发挥数据要素倍增作用，将科技作为核心生产工具，将平台生态作为主要生产方式，实现“融资”与“融智”相结合，提升金融服务质效。严格市场准入，对金融市场实施严格准入管理，必须持牌经营。设置负面清单，按照防风险的底线要求，设定必要的边界条件，规范各种业务要求，依法清理规范金融企业股权关系，发挥市场、中介机构和各方面利益相关者的监督作用。

四、加大科技自强自立步伐

强化国家战略科技力量，提升企业技术创新能力，激发人才创新活力，提升我国科技创新水平，引领经济高质量发展。构建国家战略科技力量，加快核心关键技术攻关，并发挥好高校、科研院所、企业等的作用，打造一批具有国际竞争力的区域创新高地。强化企业创新主体地位，提升企业技术创新能力。建立企业主导产业技术研发创新的体制机制。推进产业集群集聚，加快形成龙头企业领衔突破产业核心关键技术，中小企业应用、孵化和延伸产业创新链条的集群创新机制。建立和完善中小企业技术创新公共服务平台体系，加快构建以企业为主体的协同创新支撑体系。进一步激发人才的创新活力，改革人才激励机制。完善科技成果转化激励机制，提升科研人员的积极性。合理分配职务科研成果转化收益。全方位培养、引进、用好人才，造就更多国际一流的科技领军人才和创新团队，培养具有国际竞争力的青年科技人才后备军。建设高质量教育体系，推动全社会加大人力资本投入，加强基础研究人才培养，加强创新型、应用型、技能型人才培养。加强国际科技交流与合作，在开放条件下促进科技能力提升。

五、深化城镇统筹发展战略

坚定不移地深化城镇统筹发展，是实现经济高质量发展的重要支撑，是实施扩大内需战略的有效载体，是增进人民群众福祉的重要举措。不断做大做强中心城市，大力推进新农村建设。在城乡统筹发展中，着力推进城镇空间布局科学化，以提升区域中心城市和节点城市能级为抓手，着力推进城乡基础设施一体化，促进资源共享。坚定不移地抓好美丽乡村建设，扎实开展农村人居环境整治，全面改善农村生产生活条件，促进城乡建设健康发展。坚持农业农村优先发展，按照产业兴旺、生态宜居、乡风文明、治理有效、生活富裕的总要求，建立健全城乡融合发展体制机制和政策体系，加快推进农业农村现代化。持续加快新型城镇化建设，高标准打造特色小镇。培育形成方向明确、精准聚焦、错位发展的特色产业集群，打造经济增长新高地、产业升级新载体、城乡统筹新平台。

六、打造对外开放新高地

营造良好的外部环境。深化和发达国家之间的合作，为我国集聚全球高端要素、开展高水平价值链合作创造良好条件。处理好与要素互补性较强、市场合作空间较大的新兴市场国家之间的关系，共同合作构建新型生产网络，拓展对外开放发展空间，逐步提升开放合作层次。继续降低关税水平，大幅提升对外贸易便利化程度，进一步缩减外商投资准入负面清单，依托国内大循环，为各类高端要素、高品质商品和服务跨境流动创造良好条件。有效提升出口和外商直接投资质量，增加优质产品进口，扩大知识密集型服务贸易规模，进一步提升我国在全球产业链、供应链、价值链中的地位。加快推动共建“一带一路”高质量发展，创设新型开放合作模式，促进全球化深入发展。注重构建更具灵活性、公平性、透明性的合作机制，有效发挥各个合作方的自身优势，积极参与“一带一路”建设，充分形成合力，共同应对各种外部挑战。以构筑互利共赢的产业链供应链合作体系、完善经贸合作的利益分配机制等为重点，逐步形成互利性更强的新型合作模式；坚持全面可持续发展，在数字经济、公共卫生、环境保护、科技教育等领域实施一批重点示范项目；在基础设施建设投融资等领域，共同制定更符合新兴市场国家合作需求的规则和标准，推动“一带一路”建设走深走实。

第四节　国家电网公司发力方向

党的十九届五中全会描绘了我国2035年远景目标和“十四五”发展蓝图。2020—2025年是我国开启全面建设社会主义现代化国家新征程的第一个五年，国家电网公司面临新的形势、新的任务，机遇与挑战都前所未有。从国际来看，世界百年未有之大变局进入加速演变期，国际环境错综复杂；从国内来看，我国经济面临诸多新挑战，但仍然处于重要战略机遇期；从行业来看，“碳达峰、碳中和”目标倒逼能源加快转型，电网升级的要求更加迫切；从国有企业来看，新阶段新格局赋予新使命，公司高质量发展的任务十分艰巨。

国家电网公司“十四五”发展总体思路是：立足新发展阶段，践行新发展理念，服务新发展格局，坚持推动高质量发展，坚持深化供给侧结构性改革，以公司战略为统领，以改革创新为动力，以安全稳定为基础，更加聚焦主责主业，更加注重绿色发展，更加注重提质增效，更加注重产业协同，更加注重制度完善，更加注重风险防范，坚定不移地做强、做优、做大国家电网，确保到2025年基本建成具有中国特色国际领先的能源互联网企业。国家电网公司在双循环中的发力点可以概述为对内和对外两个方面。

一、提质增效服务国内经济

国家电网公司立足新发展阶段，践行新发展理念，服务新发展格局，以建成具有中国特色国际领先的能源互联网企业为远景目标，将企业发展和服务人民、支撑经济社会发展相融合一。主要工作方向可分为以下四个方面。

一是坚持“一业为主”，加快电网向能源互联网升级。牢牢抓住公司的“基本盘”——电网业务。坚持绿色发展，着眼为美好生活充电、为美丽中国赋能，全面落实“十四五”电网规划，大力实施电网升级工程。加快构建坚强智能电网，加强送受端区域主网架和跨区域输电通道建设。统筹推进现代城乡配电网建设，服务城乡能源体系转型升级。全力支持新能源、水电、核电等清洁能源的开发利用，大力发展抽水蓄能电站，推动煤电灵活性改造和清洁化发展，做好分布式电源和微电网并网接入，大力加强需求侧管理。注重智慧赋能，积极推动先进信息通信技术、灵活控制能力、系统平衡能力，支撑水火风光互补互济、源网荷储协同互动。强化安全保障，筑牢“三道防线”，夯实本质安全基础。从网架、技术、设备、管理、机制等方面统筹发力，完善安全立体防御体系，提高电网弹性和韧性，增强抗扰动能力和自愈能力。强化网络信息安全，提升动态监测和在线防御能力。突出价值创造，应用数字化技术，依托电网平台资源优势，培育新业务新业态新模式，延伸产业链价值链。注重发挥用户侧资源优势，提高资源聚合和精准服务能力，为客户创造价值、提供增值服务。

二是积极发展金融业务，打造行业特色金融服务品牌。坚持根植主业、服务实业、以融促产、创造价值的金融定位，优化结构、创新机制、防范风险，全面提高支撑度、贡献度、协同度、活跃度和安全度。突出产融结合、服务主业行业。立足央企特色和能源资源禀赋，精准对接电网业务和产业链服务需求，做好资金服务、资本引进、产业链金融，打造更多满足实体经济需求的优质金融产品。稳健合规经营，守牢风险底线。加强金融合规管理，前置风险关口，加强风险过程管控和协同处置，构建涵盖事前事中事后的全流程风控体系，不发生重大金融风险。优化管控模式，强化内部协同。压紧压实出资人和金融单位主体责任，分层运作、放活管好。深化“融融协同”，实现资源共享、业务互济、优势互补，打造一站式线上综合金融平台，提高金融资源配置效率，构建合作共赢的金融生态。

三是优化发展支撑产业，打造公司战略实施的坚强支撑力量。通过持续改革创新，夯基础、强能力，转机制、上水平，有力支撑公司战略实施。着力提升科研支撑能力。发挥科研单位在科技强企中的主力军作用，优化科研布局，深化科研改革，围绕大电网安全运行、新能源高比例接入挑战，开展基础性、前瞻性重大技术研究，建设国际领先的能源互联网实验研究体系，努力培育更多引领性、原创性重大成果。提升智能制造支撑能力。深入推进资源整合，加强核心技术攻关，实施国产化自主替代，推动高端装备数字化、网络化、智能化发展，不断提高产品和服务的附加值和竞争力，建设国际领先的能源信息化服务企业和电力系统控制设备制造企业。提升服务保障支撑能力，创新应用数字化、智能化等技术，不断构建完善现代智慧供应链、智慧后勤等业务领域服务平台，提高专业支撑能力。

四是大力发展战略性新兴产业，培育基业长青新动能。抢抓能源革命与数字革命融合发展机遇。打造核心能力，电力芯片、IGBT 等业务重点加强核心技术研发，拓展市场领域。综合能源服务、储能、北斗及地理信息等业务重点加强技术集成与产品研制，打造整体解决方案。能源电商、电动汽车服务、大数据运营等业务重点深化互联网新技术融合应用，创新商业模式，改善用户体验，提升盈利能力。创新体制机制，坚持根据企业自身特色推进混合所有制改革，坚持市场化方向，建立健全科学合理的考核激励机制，实施虚拟股权、项目分红、项目跟投等激励方式，激发创新活力和发展动力。强化开放合作，秉持开放、合作的理念，创新合作方式，广泛吸引各类市场主体共同参与新兴产业发展，努力构建共治共赢的新兴产业生态，带动产业链上下游共同发展。

在服务国家重大战略实施，主力构建新发展格局，充分发挥“六个力量”重要作用方面，有三个方面工作方向。

一是积极服务区域协调发展。紧密对接京津冀协同发展、长三角一体化、黄河流域生态保护和高质量发展、成渝地区双城经济圈等国家区域发展战略，大力推进一批重点项目，提高供电保障能力。加快川藏铁路和区域城际铁路、市域铁路配套供电工程建设。

二是积极服务新型城镇化建设和乡村振兴。落实城市更新行动部署，做好老旧小区、厂区、街区的配电网改造，深化配电网可靠性提升工作，强化“煤改电”配套电网运维保障。实施农村电网巩固提升工作，加强乡镇供电所和农电所队伍建设，补齐乡村供电服务短板。

三是积极服务“碳达峰、碳中和”目标。制定实施公司服务“碳达峰、碳中和”行动方案。加强清洁能源并网消纳，配合做好新能源规划引导工作，促进新能源科学有序发展，深化新能源云应用和并网接入一站式服务。积极争取国家有关方面出台“新能源＋储能”优先并网机制，以及支持抽水蓄能发电站的电价政策。做好充电桩并网服务，深化智慧车联网平台价值挖掘。发挥电力大数据服务环保监测作用，助力精准污染防治。推进电网规划、设计、建设全过程绿色低碳、安全高效发展。

二、稳健经营增值境外资产

国家电网公司对外投资、经营服务于国家的“一带一路”建设。截至 2020 年 6 月，国家电网公司已成功投资运营巴西、菲律宾、葡萄牙、澳大利亚、意大利、希腊、阿曼、智利 8 个国家和中国香港地区的骨干能源网，境外投资约 230 亿美元，管理境外资产约 650 亿美元。同时，积极开发境外绿地输电项目，相继成功投资建设巴西美丽山 ±800 千伏特高压直流送出一期和二期项目、特里斯皮尔斯水电送出一期和二期项目等多个大型绿地输电特许权项目；采用 BOOT 模式投资建设巴基斯坦默蒂亚里—拉合尔 ±660 千伏直流输电项目。

国家电网公司在国际上的发展定位是长期、稳定的行业投资者。秉持可持续发展理念，坚持长期化、本土化、市场化运营，依靠当地管理团队，加强技术交流和合作，积极履行企业社会责任，促进当地劳动就业，努力为当地社会创造经济、社会和环境综合价值。国家电网公司投资和承建的项目均关系当地经济社会发展，是各个国家和地区的重要基础设施，项目的运营平稳性和管理规范性，关系着当地社会和监管机构对国家电网公司的认同程度，同时影响着国家电网公司的国际信誉。

在推进“一带一路”建设和国际化发展过程中，围绕“一个核心”（以服务和推进“一带一路”建设为核心），推进“两个一体化”（投资、建设、运营一体化和技术、装备、标准一体化），开展“三化”经营（长期化、市场化、本土化经营），增强“四个力”（贯彻国家战略的服务力、国际业务发展的竞争力、国际业务的风险控制力、国家电网的品牌影响力）。安全稳健运营境外资产，积极稳妥拓展境外业务，大力推进重点项目落地，默拉直流投入商业运行，做好智利 CGE 公司并购项目交割，确保沙特 500 万智能电表安装上线。深化与周边国家联网工作，稳健运营中俄跨国输电线路，积极推进中尼、中韩联网项目前期工作。打造“一带一路”建设央企标杆。

本篇结束语

在写作之初，笔者期望将自己在理论讲师培训班期间的所学、所思、所悟记录下来，作为一段学习经历的总结，同时作为自己思考的一个成果与大家分享。在书的写作过程中，对相关问题进行了深入的研究，查阅了大量的资料。随后，意识到自己之前的所思、所悟是多么片面。虽然期望尽可能完整、全面地从经济史的角度对双循环的深意进行梳理总结，但受限于知识的深度和广度以及写作水平的熟练度，所写内容可能无法达到读者的期望。怀着非常忐忑的心情完成了此部分的写作，希望能够给读者带来一丝收获或启发，抑或本书所写不当之处使读者对相关问题进行了更深入的研究，从而获得了知识，那么我也感到非常欣慰。

本篇参考文献

［1］蔡昉，等．中国经济改革与发展［M］．北京：社会科学文献出版社．

［2］吴敬琏．中国改革三部曲［M］．北京：中信出版社．

［3］萧冬连．国步艰难：中国社会主义路径的五次选择［M］．杭州：浙江出版集团数字传媒有限公司．

［4］林毅夫．解读中国经济［M］．北京：北京大学出版社．

［5］董莜丹，温铁军．去依附［M］．北京：东方出版社．

［6］习近平．习近平谈治国理政（第一、二、三卷）［M］．北京：外文出版社．

［7］程漱兰．中国农村发展：理论和实践［M］．北京：中国人民大学出版社，1998．

［8］中国共产党第十九届中央委员会第五次全体会议文件汇编［M］．北京：人民出版社．

［9］李妍妍．改革开放初期增量改革的实践及当代启示［J］．中共石家庄市委党校学报，2015，17（7）．

［10］刘新会．关于改革开放三十年发展代价问题的思考［J］．理论导刊，2008（9）．

［11］刘鹤．加快构建以国内大循环为主、双循环相互促进新发展格局［N］．人民日报，2020－11－25．

［12］陈乃醒，等．中国乡镇工业发展的政策导向研究［M］．北京：经济管理出版社，1994．

［13］胡明．改革开放以来我国乡镇企业的发展历程及启示［J］．党的文献，2008（4）．

［14］中国宏观经济研究院对外经济研究所．坚定不移实施高水平对外开放［N］．经济日报，2021－3－8．

［15］翟东升．中国为什么有前途——中国对外经济政策及其战略潜能［M］．北京：机械工业出版社，2015．

［16］全汉昇．中国近代经济史论丛［M］．北京：中华书局，2011．

［17］潘英丽，等．国际金融中心：历史经验与未来中国［M］．上海：上

海人民出版社，2006.

［18］文一．伟大的中国工业革命——“发展政治经济学”一般原理批判纲要［M］．北京：清华大学出版社，2016.

［19］［英］阿尔弗雷德·马歇尔．经济学原理［M］．廉运杰，译．北京：华夏出版社，2005.

［20］［美］查尔斯·K·威尔伯．发达与不发达问题的政治经济学［M］．高铦，等，译．北京：商务印书馆，2015.

［21］［英］弗朗西斯·加文．黄金、美元与权力：国际货币关系的政治［M］．严荣，译．北京：社会科学文献出版社，2016.

宏观经济形势与国家
电网公司发展战略
Passage 2

第二篇 世界、中国、电网

本篇内容提要

美国经济萎缩、制造业空心化，科技领先地位也受到前所未有的挑战，全球产业链、创新链面临重组大变局。2020年，在新冠肺炎疫情冲击之下，美国财政赤字全年总规模达到了恐怖的3.7万亿美元，GDP缩减至20.93万亿美元，同比实际下降3.5%。而中国2020年GDP增长2.3%，首次突破100万亿元人民币，成为世界上唯一实现经济正增长的主要经济体。100万亿元人民币，按现有汇率是15.67万亿美元，是美国GDP的75%，中国是美国GDP登顶全球120多年以来，第一个也是唯一一个占比达到美国七成的国家，并且未来10年内极有可能超过美国。世界格局的新变化也必然给中国带来改变和挑战。中国的优势也让中国有能力在大变局下构建新发展格局来应对全球性的威胁和挑战。党的十九届五中全会强调加快构建新发展格局，既为中国经济发展开辟了新空间，也为世界经济复苏增添了新动力，为各国应对挑战提供了新思路。

新时代来临，百年之变在世界向东方倾斜，向占世界近五分之一人口、全球第一大消费市场、第一大制造国的中国倾斜，向具有先进思想指导、先进治理体系效能的中国特色社会主义倾斜，而国家电网公司站在“两个一百年”奋斗目标的历史交汇点上，正致力于加快建设具有中国特色国际领先的能源互联网企业，努力在构建新发展格局中找准坐标、把准定位、干出实绩。

本部分首先分析了世界格局的新变化。其次，分析了中国进入新时代，加快构建新发展格局的必然性和实施路径。最后，聚焦国家电网公司，对电网在新形势下的责任与担当进行了探讨。读完本部分，读者可以了解到国际形势的基本脉络，中国现在所面临的机遇和挑战，加快构建新发展格局的实施路径，以及在新时代下国家电网公司的定位和担当。

第四章　世界格局的新变化

一、新冠肺炎疫情

对全球局势影响最深的就是新冠肺炎疫情。2020 年初，新冠肺炎疫情暴发，当时很多西方媒体宣传说这是中国的“切尔诺贝利时刻”，包括加拿大前司法部长在内，100 多名西方政要和社会活动家，联名写了一封信，字里行间充满了对中国走向崩溃的“期待”。那个时候的中国经历着贸易冲突和疫情的双重打击，出口创 10 年来最低，外贸企业和服务行业苦不堪言，下决心封城，被海外抹黑，口罩短缺，又遭一些国家禁售。美、印等国第一时间宣布对中国断航。中国陷入至暗时刻，不少人却幸灾乐祸，甚至蠢蠢欲动，想要取代中国的世界工厂地位。美国商务部长威尔伯·罗斯公开宣称：“新冠肺炎疫情将有助于制造业回流美国!”印度交通部长加德卡里直言不讳地表示：“新冠肺炎疫情过后，中国的全球工厂地位将被削弱，印度会吸引更多投资。”为此，莫迪政府雄心勃勃地划出 46 万公顷土地，提供给那些想要从中国迁到印度的美、日、欧企业。

然而，故事的情节并没有按他们期待的方向发展，疫情之下中国 30 多家口罩企业复工，产量一天达到 800 万只；10 天建好 34000 平方米、能容纳 1000 人的火神山医院，全民抗疫，全民支援武汉，中国的“切尔诺贝利时刻”没有出现，反而欧美地区成了疫情重灾区，其导致的经济危机与社会危机越来越严重。

2020年末，在美国陷入疫情的困境和选举的乱局时，中、日、韩等15个国家，正式签署区域全面经济伙伴关系协定（RCEP），标志着全球规模最大的自由贸易协定正式达成，这个协定之前一直被美国阻挠，但是2020年末签下了，笔者认为这说明美国和中国在日、韩两国心目中的比重变化了。我们自己都没想到，海外疫情告急，工厂停工，全世界的目光都投向中国这个唯一有强大供应保障的安全岛。2020年11月，中国出口增速21.1%，贸易顺差754亿美元，创下自1981年来的最高水平，是40年来的最高值！而对美国出口增加了20%，美国挑起的贸易战成了笑话。疫情后的世界在以更快的速度向东方倾斜，向中国倾斜，向社会主义倾斜！中国迎来史诗般的逆转！也就是在这个时候，“十四五”规划建议提出加快构建双循环新发展格局。

二、英国脱欧

有人说：“英国脱欧是欧洲国家正在经历政治动荡、社会分裂、经济衰退的一个缩影，难民问题、种族主义、贫富差距等一系列的原因，使民众对当下制度极度不满，极端思想抬头，社会抗议此起彼伏，西方国家面临巨大的变革压力。”也有人说：“英国脱欧象征着西方文明开始走向衰落，政治制度开始走向灭亡，世界的文化、政治将更加多元化发展。”在本书中不再讨论原因，只阐述其对世界格局的影响。很明显，英国脱欧使欧盟失去了一个重要伙伴，对依然困于低潮，甚至停滞状态的欧洲一体化合作无疑是雪上加霜。它极大地打击了成员国深化一体化的士气和凝聚力，动摇着后入盟国家和弱势边缘国家的信心，也挫伤了候选国加入欧盟的期盼和积极性。

在经济上，英国作为欧盟第二大经济体，其脱欧也意味着欧盟将减少六分之一的GDP，在世界经济格局中地位下降，而其长期形成的内部力量平衡格局也将被打破。英国脱欧可能延缓欧盟自由贸易和单一市场的推进，给英国和欧洲的劳动力市场管理、对外贸易、金融监管和国际资本流动机制等带来更多不确定性。在欧债危机影响未尽、经济复苏依然低迷的形势下，这些不确定性将使欧盟经济发展更加缺乏稳定，削弱欧盟的经济实力。

在欧洲内部，脱欧的“负面示范”效应会使原本并不稳固的成员国关系面临更加严峻的挑战，刺激更多成员国效仿考虑脱欧的可能性，欧盟经济一体化面临停滞乃至倒退的风险。因为欧盟失去了英国这个重要的平衡砝码，缺少英国制约的德、法主导力量得到进一步加强，法国经济上的保护主义倾向和德国的国际影响力将进一步提升，成员国对德国主导欧洲的担忧愈加明显。它所折射的欧洲社会反一体化和保护主义、民粹主义、国家主义抬头，不仅使全球多边合作治理面临巨大考验，也会削弱欧盟的国际地位和全球影响力，对欧洲地区和世界政治格局产生复杂影响。而中国作为世界上发展最快的国家，在国际上的地位逐渐提升，影响力逐渐增强。所以，约翰逊成为新任英国首相后，频频释放出对中英关系友善的信号。英国正在加强与中国在各个领域的互信和合作，扩大双方关系合作的深入，增强英国在国际上的话语权，在与中国增进互信、合作中全面应对全球化背景下出现的各类挑战。

三、美国大选和第四次产业革命

先说美国大选，美国大选如此动荡的背后，是政治分裂、民粹主义、种族斗争、经济衰退等一系列问题，其社会分裂日益严重，甚至走向崩溃的边缘，有人形容，无论谁当选下任总统，都无法阻止“美国时代”的终结。美国国内混乱之际，必将转移国内注意力，挑拨他国关系，引起外部地区局势动荡，会给当下世界的自由贸易、区域安全带来不确定影响，但无论如何，旧秩序的崩塌与新秩序的重建已不可避免，未来的世界将由一超多强，转向多极并进。

而第四次产业革命则影响全球贸易、竞争格局。什么是第四次产业革命呢？正式点儿说就是以物联网、新技术、绿色能源及人工智能为技术突破口的工业革命。举例来说，就是汽车自动生产、自动驾驶，靠电力、太阳能驱动；人们可远程控制每个电器，远程操作生产办公，万物实现共联，总之就是极度智能的时代。

第四次产业革命对当下最大的影响是传统制造模式会被彻底改变，全球价值链、产业链、供应链将重构。对于世界各国来说，既是挑战，也是机遇，就相当是集体由初中进入高中，以前成绩好的有基础优势，成绩差的也会有翻身机会，充满变局。

当下中国、美国、德国分别是亚洲、美洲、欧洲的改革先锋，已略占优势。接下来的日子里，大国之间会在各领域进行全面竞争，关系在恶劣的竞争中持续动荡，直到孕育出新的国际规则，重塑世界安全格局，将世界带入新纪元。

第五章　中国加快构建新发展格局

2017年10月18日，中国共产党第十九次全国代表大会在北京开幕。十九大报告提出了中国发展新的历史方位——中国特色社会主义进入了新时代。进入新时代，是从党和国家事业发展的全局视野、从改革开放40多年历程和十八大以来5年取得的历史性成就和历史性变革的方位上，所作出的科学判断。这个新时代，是承前启后、继往开来、在新的历史条件下继续夺取中国特色社会主义伟大胜利的时代。而习近平新时代中国特色社会主义经济思想，是5年来推动我国经济发展实践的理论结晶，是中国特色社会主义政治经济学的最新成果，是党和国家十分宝贵的精神财富，必须长期坚持，不断丰富发展。

当今世界正经历百年未有之大变局，中国特色社会主义进入新时代，中华民族伟大复兴也到关键冲刺阶段。面对外部环境变化带来的新矛盾、新挑战和我国社会主要矛盾发展变化带来的新特征、新要求，必须顺势而为，调整经济发展路径，推动形成以国内大循环为主体、国内国际双循环相互促进的新发展格局。

第一节　从三个历史节点看中国经济发展的脉络和趋势

新中国成立以来，我国经济发展格局经历了多次调整。新中国成立初期，我国独立自主完成了早期工业化原始积累，这一阶段主要以国内大循环为主。改革开放后，在国民经济从计划经济转向市场经济后，我国逐渐形成外向型经济发展格局，国际大循环逐渐占主导地位。但进入新时代，面对我国社会主要矛盾变化及国际环境变化，我国适时提出了构建双循环新发展格局。

一、早期工业化时期——原始积累过程

新中国成立初期，第一个五年计划就确立了“156 项工程”，这些工程奠定了工业化的初步条件，国家走上了重工业优先发展道路。为支撑国家工业化建设，在“一五”期间实施了“一化三改”，并在全国实行了人民公社化运动，以农业集体化的高积累支持全国工业化，形成以国家意志集中资源的计划经济体制，构建起新中国成立初期“有形之手”主导的国内循环体系。1949—1978 年，我国工业化水平迅速提高，重工业产值在工农业总产值中占比由 7.9% 提高到 42.6%。在短短不到 30 年的时间内，我国快速完成了国家工业化的初步积累。20 世纪 70 年代初期，我国建立起种类齐全的完整工业体系，某种意义上为改革开放的经济建设奠定了坚实的工业化基础。而后，我国恢复了在联合国的合法席位，与美、日、德等 40 余个国家建立外交关系，打破了西方经济封锁和孤立局面，这又为改革开放奠定了良好的国际环境。但由于从农村过度提取剩余和重工业偏向，我国工业结构和农业结构严重失衡，通过产业结构调整实现经济结构再平衡成为下一步工作重点。

二、改革开放时期——积极拓展外向型经济

1978 年，党的十一届三中全会明确将工作重点转向经济建设，拉开了改革开放的序幕。在体制机制上，围绕所有制结构改革和市场

机制培育，我国开始从计划经济向市场经济转型。具体来看，改革首先从农村入手，逐渐形成家庭联产承包责任制，农民的生产自主性得以提升。一方面，农民生产积极性得到充分调动，农业经济蓬勃发展，仅到 1984 年全国粮食产量就比 1979 年提高了 34%；另一方面，农村改革也为城市发展提供了充裕的劳动力。“完全没有预料到”的乡镇企业蓬勃发展创造了大量就业岗位，农民收入大幅提升，形成了城乡互动新格局，工业化从大城市开始扩展到乡镇农村。数据显示，1978—1988 年，中国乡镇企业吸纳就业人数从 2830 万增加到接近 9500 万；到 1989 年，乡镇企业总产值占农村社会总产值比重上升到 60%，这为进一步扩大开放融入全球贸易体系奠定了坚实的经济基础。

随着计划经济体制向市场经济体制转轨，“无形之手”在国内循环体系中发挥日益重要的作用。但这一阶段我国的外储需求等日益提升，“关键是必须把出口创汇抓上去”成为工作重点。

1987 年 10 月，时任国家计委经济研究所副研究员的王建提出《关于国际大循环经济发展战略的构想》。1988 年初，在调查研究的基础上，党中央要求组织实施沿海地区经济发展战略，不仅将把我国沿海开放地带推到国际市场上去参与国际交换和竞争，而且从根本上说，必将有力地促进我国中部和西部地区的经济发展。1992 年邓小平南方谈话后，中国改革开放迎来了新的浪潮。我国确立建设社会主义市场经济体制的目标，放松了劳动力流动管制，且取消了票证制度，我国进入了货币化时期。随后，我国加速了经济体制改革进程，推进国有企业改革、分税制改革、金融体制改革等重点领域改革，并成功应对了亚洲金融危机，我国逐步融入全球经济体系。2001 年，我国加入世界贸易组织，外向型经济发展格局全面形成；到 2006 年，我国进出口贸易依存度峰值一度达到 64% 以上，占全球出口额比重由第 7 位跃居至第 1 位，此时国际大循环处于主导地位。在外向型经济发展格局下，我国逐渐跃居全球最大的外商直接投资国，并成为全球最大的出口国，在全球产业分工中形成以中国为中心的双环流格局。我国通过出口商品积累了大量外汇，由原来的外汇短缺和国民储蓄短缺的国家变为高外储和高储蓄的国家，同时也带来了对外依赖度过高、国内经济严重失衡等问题。

三、中国特色社会主义进入新时代——推动形成新发展格局

由于经济高度对外依赖，中国国际收支长期顺差，两头在外的经济发展格局弊端逐渐凸显。而且，国内经济发生了结构性变化，人口老龄化，要素规模驱动力减弱，原有发展格局难以为继。2006 年的“十一五”规划指出，要“立足扩大国内需求推动发展，把扩大国内需求特别是消费需求作为基本立足点，促进经济增长由主要依靠投资和出口拉动向消费与投资、内需与外需协调拉动转变”，我国进入外向型经济发展格局的调整期。2008 年金融危机后，全球生产过剩，我国对外出口受到冲击。由于内需难以短期自发形成，我国紧急出台了四万亿刺激计划，开始加快调整外向型经济发展格局，转向内循环为主的模式。2011 年，“十二五”规划进一步强调“构建扩大内需长效机制”。但财政刺激下的内循环马上就带来了产能过剩、债务高企等问题，到 2016 年，重化工业几乎全部进入产能过剩。我国又适时推出供给侧结构性改革，推动了经济结构调整，但在“补短板”和“降成本”等方面还有很长的路要走。截至 2019 年，我国外贸依存度下降到 31.9%，但依然远高于美国和欧盟等发达经济体。这一阶段，我国逐步转向内循环，但“负债—投资”模式并不可持续，长期发展还有赖于形成市场长效机制，而且在更为复杂的国际形势下，需要进一步优化调整发展格局。

2018 年末，中央经济工作会议提出“畅通国民经济循环”，并“促进形成强大国内市场”。2019 年末的中央经济工作会议，强调供给侧结构性改革重点关注“补短板”。2020 年 5 月 14 日，中央政治

局常委会会议首次提出国内国际双循环新发展格局；7 月 21 日，习近平在企业家座谈会上进一步阐释了双循环的基本内涵；7 月 30 日，中央政治局会议再次提出“加快形成以国内大循环为主体、国内国际双循环相互促进的新发展格局”。与此同时，中央已着力推动双循环发展格局，相继印发《关于构建更加完善的要素市场化配置体制机制的意见》《关于新时代推进西部大开发形成新格局的指导意见》《关于新时代加快完善社会主义市场经济体制的意见》《海南自由贸易港建设总体方案》等，而且还在积极推动中欧双边投资协定谈判、RCEP 协定等。双循环新发展格局将成为中长期经济政策指导思路，对“十四五”规划和中长期发展也将产生重要影响。

第二节　中国经济向新发展格局演变的必然性

如今世界形势复杂多变，自由贸易受到挑战，经济面临衰退风险，国际局势持续动荡，加快构建以国内大循环为主体、国内国际双循环相互促进的新发展格局，是适应我国新发展阶段、新发展环境、新发展条件的必然要求，是着眼于我国长远发展的重大战略部署。我国有着构建新发展格局的各要素条件，向新发展格局演变也存在着必然性。

一、消费能力

党的十八大以来，我国经济保持稳步增长，经济总量稳居世界第二。我国社会消费品零售总额实现较快增长，年均增速达 10.5%，扣除物价上涨因素，年均实际增速为 9.2%，2019 年突破 40 万亿元，成为全球第二大商品零售市场，是汽车、手机等成百上千种产品的全球最大消费市场。例如，我国汽车销量连续 11 年蝉联全球第一，目前年销量约为美国的 1.6 倍，智能手机销量约占全球销量的 30%。

我国已拥有4亿多中等收入群体，且规模持续扩大，未来居民消费不仅有量的持续扩张，而且更具多样化、个性化、品质化特征，消费市场发展潜力巨大。同时，我国正处在新型工业化、信息化、城镇化、农业现代化深入发展阶段，扩大有效投资、优化投资结构的空间很大。2019年，我国常住人口城镇化率为60.6%，但户籍人口城镇化率仅为44.4%，尽管增长速度变缓，但仍有较大上升空间，预计“十四五”时期年均新增城镇人口1000万人以上，这将会带动相关投资和消费增长。

二、工业化程度

我国进入工业化中后期，新型工业化不断深化，推动产业转型升级、发展战略性新兴产业蕴含巨大的投资潜力。另外，补短板强弱项、加快新型基础设施建设等也为扩大有效投资拓展了较大空间。

我国通过参与国际大循环充分释放了经济发展活力，快速从一个农业国跃升为世界第一制造业大国，建立起门类齐全、规模庞大、配套完整和具有较高技术水平的产业体系，强大且多层次的生产制造能力和完善的产业配套体系为国内大循环的形成奠定了良好基础。

产业门类方面，我国拥有41个大类、207个中类、666个小类工业行业生产能力，涵盖劳动密集型、资本密集型、知识密集型和技术密集型等全部产业类型，是全球唯一拥有联合国产业分类中所列全部工业门类的国家。

产业规模方面，我国制造业增加值自2010年起已经连续10年稳居世界第一，2019年制造业增加值占全球比重达27.9%。在500多种工业品中有200多种产品产量位居全球第一。根据《财富》杂志发布的2020年世界500强企业名单，我国上榜公司数量达到133家，历史上第一次超过美国（121家）成为世界第一。

产业配套方面，我国产业发展基础设施日益完善，园区平台载体逐步增多，检验检测、计量、标准、认证认可等公共服务能力逐步提高，物流和供应链体系逐步完善，5G、人工智能、工业互联网、物联网等新型基础设施和产业服务平台加快发展，为传统产业升级和新兴产业发展提供了良好的配套支撑。

劳动力资源方面，我国有约 9 亿劳动力，有 1.7 亿受过高等教育和拥有专业技能的人才，每年大学毕业生有 800 多万，人力资本积累已达到较高水平，科技人力资源总量接近 1 亿人。丰富的人力资源为经济高质量发展增添了新动能，成为引领国内大循环的人才支撑。

资金供给方面，我国已拥有世界上最大的银行体系，已成为全球第二大股票市场、第二大债券市场、第二大保险市场，外汇储备规模多年居全球第一，愈加强大的资本市场和外汇储备为构建双循环新发展格局提供了丰富的资本支撑。

基础设施方面，我国形成了以“十纵十横”综合运输大通道为主骨架，综合交通枢纽为支点，铁路、公路、水运、航空、管道等运输方式门类齐备的综合交通网络。截至 2019 年末，我国高速铁路营业里程突破 3.5 万公里，高速公路通车里程 15 万公里，稳居世界第一。与此同时，我国还拥有服务能力强大的物流系统、高度发达的通信网络、规模庞大的能源生产输送网络，以及水利设施和城市市政设施，各类基础设施组成的一张张“小网”以及彼此之间衔接联动形成的一张基础设施“大网”支撑了各类资源要素的高效流转。

当前以互联网、人工智能、区块链为代表的新型基础设施快速建设，与传统基础设施比翼双飞、一道发力，形成了“新基建”与“老基建”深度融合发展的总体格局。日趋完善的基础设施网络体系，大幅提升了供给需求的对接效率，有效降低了经济社会发展的边际成本，为构建双循环新发展格局提供了强大的交通运输保障。

三、创新能力

我国科技整体实力显著增强，创新能力建设成效突出，科技创新在构建新发展格局中发挥着越来越重要的作用。

科技研发方面，2019 年我国研发经费支出占国内生产总值的比重为 2.23%，超过东亚与太平洋地区平均水平和欧盟平均水平，发明专利授权量居世界首位，国际科技论文数量和国际科技论文被引次数均位居世界第二，科学与工程类人才规模大、增速快，科技创新所需各类要素充沛。我国科技成果质量不断提高，在科学前沿取得了一批标志性、引领性的重大原创成果，在战略领域攻克了一批关键核心技术，正在进入成果暴发阶段，科技创新国际领先显露曙光。

产业技术方面，我国与发达国家的差距不断缩小，与过去难以望其项背相比，现在在多个领域已进入并跑甚至领跑阶段。例如，在 5G 国际标准立项中，我国企业占 40% 以上，涌现出一大批具有国际影响力的创新领军企业和科技型中小企业，部分高新技术产业进入世界前列。我国有 33 家企业入选 2020 年全球独角兽公司百强榜单，19 家企业进入 2020 年全球最有价值的 100 大科技品牌，知识密集型产业增加值的全球份额超过 20%。

创新、创业、创造生态方面，我国形成了以北京中关村、深圳为代表的一批创新集聚区，为创新驱动发展提供了有力支撑。我国的超大规模市场和完备的产业体系，为新技术提供了广阔的市场应用场景，有助于其快速大规模应用和迭代升级，电子商务、共享经济等新业态新模式蓬勃发展。中国人民具有勤劳勇敢的创新基因，全社会创新精神勃发、创新文化浓厚。我国创新能力的大幅提升为畅通国内大循环提供了强大动力和支撑，也为塑造我国在国际大循环中的重要地位奠定了坚实基础。

四、中国特色社会主义制度

我国始终坚持在社会主义制度下发展市场经济，不断深化对市场和政府作用关系的理论认识，并在实践中更好地处理两者的关系，为构建双循环新发展格局提供了良好的制度保障。

生产环节方面，产权保护法治体系更加完善，确立了全国统一的市场准入负面清单制度，通过优化调整国有经济战略布局，持续深化国企国资改革，着力健全民营经济发展环境，各类市场主体活力和素质明显提升，为加快构建双循环新发展格局奠定了坚实的微观基础。

分配环节方面，劳动、资本、土地、知识、技术、管理、数据等生产要素由市场评价贡献、按贡献决定报酬的机制逐步完善，劳动报酬在初次分配中的比重稳步提高，有助于强化国民经济循环的内生动能。

流通和市场体系建设方面，加快推进要素市场化配置改革，持续深化土地、户籍等制度改革，健全资本市场，促进要素在不同性质主体和城乡区域间自由有序流动，同时吸引和汇聚国际市场中的高端要素，着力提高要素配置效率，为产业转型升级和国内国际双循环相互促进创造了条件。市场化价格机制基本建立，商品由市场定价的比重已超过97%，市场配置资源的决定性作用日益显现。围绕使市场在资源配置中起决定性作用，我国大力推进政府职能转变，以国家发展规划为战略导向，以财政政策和货币政策为主要手段，就业、产业、投资、消费、区域等政策协同发力的宏观制度体系更加完备。通过持续深化“放管服”改革，进一步放宽市场准入，加强了事中事后监管，并在全国范围推行营商环境评价，确立竞争政策基础地位，健全了公平竞争审查制度，着力构建起市场机制有效、微观主体有活力、宏观调控有度的经济体制，有利于发挥社会主义制度优势，实现有为政府和有效市场的有机结合，从而为加快构建新发展格局提供不竭的体制动力。

改革开放40多年来，我国坚持对外开放的基本国策，推动国内国际要素自由流动、资源高效配置和市场深度融合，对标国际高标准规则完善开放型经济新体制，成长为全球第一货物贸易国、第二利用外资和对外投资国及第一外汇储备国，深度融入经济全球化，在全球经济治理中的位置由跟跑者向并跑者、领跑者转变。特别是党的十八大以来，我国逐步形成陆海内外联动、东西双向互济的全面开放新格局，推动共建“一带一路”建设落地生根、走深走实，顶住保护主义和单边主义逆风，坚持推动贸易投资自由化、便利化，使开放型经济发展的质量和效益迈上新的大台阶，也赢得越来越多的国际赞誉和支持，为我国促进国际经济循环，进而畅通双循环创造了有利的外部条件。

更为重要的是，我们有党的坚强领导和中国特色社会主义制度的显著优势，有改革开放以来积累的雄厚物质技术基础，为构建双循环新发展格局提供了强大的体制动力和物质保障。

综上所述，构建新发展格局是中国经济发展到一定阶段的必然选择。

第三节　中国构建新发展格局的必要性

打通双循环产业链，从某种意义上讲和给汽车安装一个空气循环装置差不多，可以在外部空气不好的时候调小点儿，空气好了就可以调大点儿，这也是一种自主可控。双循环新发展格局，也是在外部环境不好的时候，也就是现在常说的逆风逆水的环境里，利用双循环新发展格局，以国内大循环为主体，坚持扩大内需，为我国经济发展增添动力，带动世界经济复苏。等外部环境好了，主动出击，去推动于我国有利的国际经济大循环。

过去，我国劳动力丰富，但资金、技术缺乏，与发达国家的经济互补性很强，通过加入国际循环进而带动国内循环，能够很好地发挥比较优势和后发优势。现在，我国劳动力仍然丰富，但成本持续上升，资源环境约束强化，同时资金供给相对充裕，技术水平有了较大提高，国内市场潜力巨大，国内需求开始向富裕型升级。统计显示，

1990 年我国劳动力总数、固定资本形成和研发支出占世界的比重分别为 27.6%、1.5% 和 2.0%，而到 2018 年变为 22.9%、27.2% 和 24.0%。过去偏重的以参与国际循环带动国内、东部沿海地区经济率先发展的旧双循环格局越来越难以为继，迫切需要重塑竞争优势，构建以国内大循环为主体、国内国际双循环相互促进的新发展格局。

而且此时新发展格局决策的提出，实际上是对某些开全球化“倒车”的国家，提出了中国的应对方案，这对于肆无忌惮“退群”的国家形成牵制。中国搞“内外双循环”是拒绝讹诈，而在谈判中说“不”的实力和说“不”的勇气，是达成谈判的必要前提。如果没有底牌、没有筹码，那就会任人宰割，当我们提出“内外循环”的时候，在国际博弈过程中我们就有自己的应对方法，这会更有利于全球化的平稳发展。

中国正在成为全球最大的消费市场，可能会在 2035 年，或者 2045 年左右，成为无可争议的全球第一大消费市场。但现在“内外双循环”的提出，可能会更快地实现这个目标，因为这要求充分释放国内购买力，意味着会对大量以外向型经济为主的国家形成强大吸引力，像日本、韩国以后可能逐渐由向美国出口为主变成向中国出口为主。所以说，这实际上为全球提供了另一个选择和另一种可能。

上文也说到新冠肺炎疫情在全球大流行进一步加速了世界百年未有之大变局。一方面，疫情加速了世界经济数字化转型，促进了新科技革命和产业变革快速发展；另一方面，疫情冲击之下，以邻为壑的贸易保护主义、孤立主义、民粹主义甚嚣尘上，一些国家把供应链安全上升为国家战略，纷纷推动供应链本地化、区域化和分散化布局，全球产业链、供应链、创新链分工格局面临重构，世界经济不稳定性、不确定性上升，面临深度衰退的风险。

在世纪疫情和百年变局交织叠加的背景下，中美关系发生重大变化，尽管两国仍有很大合作空间，但中美之间经济、产业、科技等竞争日益加剧。面对外部环境变化带来的新矛盾、新挑战，必须根据形势变化，对“十四五”和未来更长时期我国经济发展战略、路径做出重大调整完善，构建双循环新发展格局，集中精力办好自己的事，最大程度激活内生动力和内生因素，以国内发展基本趋势向好的确定性应对外部环境变化的不确定性。

第四节　加快构建新发展格局的指导思想和实施路径

一、指导思想

加快构建新发展格局，必须坚持以习近平新时代中国特色社会主义经济思想为指导。

思想，是从实践中抽象出来的对客观世界运行规律和人类认识世界、改造世界活动规律性本身的认识。它不是无源之水、无本之木，而是拥有深厚历史基础、回应现实需求的产物，也为更进一步的实践行动提供了思想资源和理论先导。

党的十八大以来，以习近平同志为核心的党中央领导全党和全国人民坚持和发展中国特色社会主义事业，围绕实现“两个一百年”奋斗目标和中华民族伟大复兴的中国梦，统筹推进经济、政治、文化、社会、生态文明建设“五位一体”总体布局，协调推进全面建成小康社会、全面深化改革、全面依法治国、全面从严治党的“四个全面”战略布局，全面贯彻创新、协调、绿色、开放、共享的新发展理念和以人民为中心的发展思想，推动构建以合作共赢为核心的新型国际关系，学习掌握科学的思想方法和工作方法，提出了一系列治国理政新理念、新思想、新战略，形成了习近平新时代中国特色社会主义思想。党的十九大把习近平新时代中国特色社会主义思想确立为我们党必须长期坚持的指导思想。它符合我国国情，顺应时代要求。党的十八大以来，以习近平同志为核心的党中央深刻总结国内外发展的经验教训，分析国内外发展大势，着眼新的发展实践，深入推进发展的理论创新，在发展目标、发展动力、发展布局、发展保障等方面形成的经济思想，是习近平新时代中国特色社会主义思想的重要组成部分。它在发展理论和实践上实现了新的重大突破，对破解当今中国的发展难题、增强发展动力、厚植发展优势具有重大指导意义。

中央经济工作会议指出，5 年来，我们坚持观大势、谋全局、干实事，成功驾驭了我国经济发展大局，在实践中形成了以新发展理念为主要内容的习近平新时代中国特色社会主义经济思想。我们坚持加强党对经济工作的集中统一领导，保证我国经济沿着正确方向发展；坚持以人民为中心的发展思想，贯穿到统筹推进“五位一体”总体布局和协调推进“四个全面”战略布局之中；坚持适应把握引领经济发展新常态，立足大局，把握规律；坚持使市场在资源配置中起决定性作用，更好地发挥政府作用，坚决扫除经济发展的体制机制障碍；坚持适应我国经济发展主要矛盾变化完善宏观调控，相机抉择，开准药方，把推进供给侧结构性改革作为经济工作的主线；坚持问题导向部署经济发展新战略，对我国经济社会发展变革产生深远影响；坚持正确工作策略和方法，稳中求进，保持战略定力、坚持底线思维，一步一个脚印向前迈进。

新发展理念是习近平新时代中国特色社会主义经济思想的主要内容，“七个坚持”是基本内涵。创新、协调、绿色、开放、共享的新发展理念和以人民为中心的发展思想是实现高质量发展的必要条件和重要体现。创新、协调、绿色、开放、共享的新发展理念，深刻阐明了实现更高质量、更有效率、更加公平、更可持续发展的必由之路，那就是以提高发展质量和效益为中心，实现实实在在、没有水分的发展；以民生改善、就业充分为追求的发展；以劳动生产率提高、经济活力增强、结构调整有成效为战略目标的发展。深入贯彻新发展理念，首先，要明确高质量的发展观；其次，要贯彻以人民为中心的发展思想，它是高质量发展观的目标和落脚点；最后，要落实人口资源环境全面协调的持续发展观，它是高质量发展的保障。三者是具有密切联系和内在逻辑一致性的有机统一体，在实践中决不能割裂开来。牢固树立高质量发展观、以人民为中心的发展思想和人口资源环境相协调的发展观是时代的要求、人民的要求和持续发展的要求。“治国有常，而利民为本。”习近平新时代中国特色社会主义经济思想关于以人民为中心的发展思想，坚定、清晰而有力地回答了经济发展首先要解决为谁发展、由谁分享发展成果的根本问题。人民是发展的主体，也是发展的最大受益者。坚持以人民为中心的发展思想，要把增进人民福祉、促进人的全面发展作为发展的出发点和落脚点。此外，在发展中必须坚持节约资源和保护环境的基本准则，坚持持续发展，坚定走生产发展、生活富裕、生态良好的文明发展道路，建设资源节约型、环境友好型社会，形成人与自然和谐发展的现代化建设新格局。

中华人民共和国成立以来，中国共产党在建设前无古人的中国特色社会主义全新事业的伟大历史实践过程中，根据形势和任务的变化，适时提出相应的发展战略，引领和指导发展的实践。从以经济建设为中心、发展是硬道理，到发展是党执政兴国的第一要务，到坚持科学发展、全面协调可持续发展，到坚持“五位一体”总体布局，正是在总结新中国成立70多年来经济社会发展正反两方面丰富经验和深刻教训的基础上，中国共产党每一次发展理念、发展思路的创新和完善，都推动实现了发展的新跨越。新中国成立以来经济发展的历程表明，在起步阶段，首先要解决的是如何尽快发展起来的问题。发展才能自强，发展是解决我国一切问题的物质基础和关键。当前，我国社会经济发展水平达到了新的历史高度，发展的基本特征已经发生了深刻变化，社会主要矛盾已经转化为人民日益增长的美好生活需要和不平衡不充分的发展之间的矛盾。过去那种追求规模，不计资源、环境、社会成本和代价的数量型低质量发展已经不能适应新的形势。

新时代呼唤更高质量的发展。习近平新时代中国特色社会主义经济思想，是党的十八大以来推动我国经济发展实践的理论结晶，是中国特色社会主义政治经济学的最新成果，是党和国家十分宝贵的精神财富，必须长期坚持、不断丰富发展。习近平新时代中国特色社会主义经济思想是我国在经济建设和社会发展方面取得的最新成果和理论结晶，深刻洞悉了新时代我国经济发展的主要矛盾和基本特征，体现了中国共产党对社会主义本质要求和发展方向的科学把握，标志着中国共产党对经济社会发展规律的认识达到了新的高度，是中国共产党关于发展的又一次重大理论创新，是我国经济社会发展必须长期坚持的指导思想。同时，它也是针对我国发展中的矛盾和突出问题提出来的，具有深厚的历史基础和实践意义，为中国特色社会主义事业指明了前进方向和发展道路。

二、实施路径

加快构建新发展格局，必须紧紧抓住加快构建新发展格局的关键环节，久久为功，持续发力。

2020 年 11 月 25 日，中共中央政治局委员、国务院副总理刘鹤在《人民日报》发表署名文章，详解加快构建以国内大循环为主体、国内国际双循环相互促进的新发展格局的背景、内涵及实施路径。

刘鹤指出，新冠肺炎疫情影响广泛深远，逆全球化趋势更加明显，全球产业链、供应链面临重大冲击，风险加大。面对外部环境变化带来的新矛盾、新挑战，必须顺势而为调整经济发展路径，在努力打通国际循环的同时，进一步畅通国内大循环，提升经济发展的自主性、可持续性，增强韧性，保持我国经济平稳健康发展。市场是全球最稀缺的资源，我们构建新发展格局和扩大内需，可以释放巨大而持久的动能，推动全球经济稳步复苏和增长。

刘鹤强调，构建新发展格局，关键在于实现经济循环流转和产业关联畅通。根本要求是提升供给体系的创新力和关联性，解决各类“卡脖子”和瓶颈问题，畅通国民经济循环。而做到这一点，必须深化改革，扩大开放，推动科技创新和产业结构升级。要以实现国民经济体系高水平的完整性为目标，突出重点，抓住主要矛盾，着力打通堵点，贯通生产、分配、流通、消费各环节，实现供求动态均衡。

就如何加快构建新发展格局，刘鹤分别从科技创新、供需互动、金融支持、新型城镇化、提高收入水平、高水平对外开放六个方面详解实施路径。

一是推动科技创新在畅通循环中发挥关键作用。加快科技自立自强是畅通国内大循环、塑造我国在国际大循环中主动地位的关键。鼓励大胆探索和合理质疑，加强基础研究，加强应用研究。要强化企业创新主体地位，集中力量打好关键核心技术攻坚战，锻造产业链、供应链长板，补齐产业链、供应链短板。要建设高质量教育体系，推动全社会加大人力资本投入，加强基础研究人才培养，加强创新型、应用型、技能型人才培养等。

二是推动供给创造和引领需求，实现供需良性互动。坚定不移地建设制造强国、质量强国、网络强国、数字中国，优先改造传统产业，发展战略性新兴产业，加快发展现代服务业。微观市场主体活力在优化供给体系中处于核心地位。要加快培育完整内需体系，完善扩大内需的政策支撑体系。增强消费对经济发展的基础性作用，全面促进消费，提升传统消费，培育新型消费，发展服务消费等。

刘鹤特别指出，房地产业影响投资和消费，事关民生和发展。要坚持房子是用来住的、不是用来炒的定位，坚持租购并举、因城施策，完善长租房政策，促进房地产市场平稳健康发展等。

三是推动金融更好地服务实体经济，健全现代流通体系。对金融体系进行结构性调整，大力提高直接融资比重，改革优化政策性金融。发挥资本市场对于推动科技、资本和实体经济高水平循环的枢纽作用，提升金融科技水平。流通是畅通经济循环的重要基础。要构建现代物流体系，完善综合运输大通道、综合交通枢纽和物流网络。加强社会信用体系和结算体系建设，降低制度性交易成本等。

股权投资的特性与科技创业项目对资金的需求特点更为契合，未来大力推动科技创新要更倚重直接融资的金融支持。深圳北斗智能公司创始人张帆对证券时报记者表示，该公司由一群科研人员组建，主攻利用大数据、人工智能解决智慧交通，由于这类 B 端业务项目周期长、倚赖科研投入大，所以公司更希望利用股权融资。2020 年受疫情影响，上半年股权投资市场较为低迷，但进入 7 月以后，下半年的股权融资环境日趋向好。往年每到下半年股权融资机构基本都结束当年的投资，但 2020 年上半年积压的投资份额都集中到下半年爆发。

值得注意的是，对金融体系进行结构性调整，大力提高直接融资比重，不仅是新发展格局的需要，也是防范化解金融风险的需要。央行行长易纲近日撰文指出，最近 10 多年来，我国银行贷款在各项融资之中的占比明显提高。风险向金融机构尤其是银行集中，容易扭曲激励约束机制，影响金融资源的配置效率，还会扭曲风险定价，导致金融资产总量过快膨胀和部分资产质量下降，放大金融风险。只有发展好直接融资尤其是股权融资，才能够减少对银行债权融资的过度依赖，从而实现在稳住杠杆率的同时，保持金融对实体经济支持力度不减的目标。未来 10 年，我国金融发展的最佳路径是市场的双向开放。

四是推动新型城镇化和城乡区域协调发展。要发挥中心城市和城市群带动作用，实施区域重大战略，建设现代化都市圈，形成一批新增长极；要推动农业供给侧结构性改革，确保粮食等重要农产品安全，将经济发展的底盘牢牢托住；要推动城市化地区、农产品主产区、生态功能区三大空间格局发挥各自比较优势等。

五是推动扩大就业和提高收入水平。中等收入群体的扩大对于形成强大的国内市场、拉动结构升级具有基础作用。要坚持共同富裕方向，改善收入分配格局，扩大中等收入群体，努力使居民收入增长快于经济增长。提高劳动报酬在初次分配中的比重，着力提高低收入群体收入。完善再分配机制，加大税收、社会保障、转移支付等调节精准度，改善收入和财富分配格局。多渠道增加城乡居民财产性收入。完善营商环境，促进中小微企业和个体工商户健康发展等。

六是推动更高水平的对外开放，更深度融入全球经济。要进一步扩大市场准入，创造更加公平的市场环境，在更高水平上引进外资。要加快推进贸易创新发展，提升出口质量，扩大进口，促进经常项目和国际收支基本平衡。推进共建“一带一路”高质量发展，实现高质量引进来和高水平走出去等。

党的十九届五中全会对加快构建新发展格局做出重大工作部署。2021 年，中央经济工作会议紧紧围绕加快构建新发展格局确定的重点任务：一是强化国家战略科技力量，充分发挥国家作为重大科技创新组织者的作用，坚持战略性需求导向，确定科技创新方向和重点，着力解决制约国家发展和安全的重大难题。二是增强产业链、供应链自主可控能力，统筹推进补齐短板和锻造长板，针对产业薄弱环节，实施好关键核心技术攻关工程，尽快解决一批“卡脖子”问题，在产业优势领域精耕细作，搞出更多独门绝技。三是坚持扩大内需这个战略基点，在合理引导消费、储蓄、投资等方面进行有效制度安排，形成强大的国内市场。四是全面推进改革开放，构建高水平社会主义市场经济体制，实行高水平对外开放，推动改革和开放相互促进。五是解决好种子和耕地问题，落实藏粮于地、藏粮于技战略，保障粮食安全。六是强化反垄断和防止资本无序扩张，支持平台企业创新发展，增强国际竞争力，支持公有制经济和非公有制经济共同发展，同时要依法规范发展，健全数字规则。七是解决好大城市住房突出问题，坚持房子是用来住的、不是用来炒的定位，因地制宜、多策并举，促进房地产市场平稳健康发展。八是做好“碳达峰、碳中和”工作，抓紧制定 2030 年前碳排放达峰行动方案，支持有条件的地方率先达峰。

构建新发展格局是事关全局的系统性、深层次变革，必须坚定不移地贯彻新发展理念，推动经济实现高质量发展。要紧紧抓住供给侧结构性改革这条主线，注重需求侧管理，打通堵点，补齐短板，贯通生产、分配、流通、消费各环节，形成需求牵引供给、供给创造需求的更高水平动态平衡，提升国民经济体系整体效能。要更加注重以深化改革开放增强发展内生动力，在一些关键点上发力见效，起到牵一发而动全身的效果。要坚持质量第一、效益优先，切实转变发展方式，推动质量变革、效率变革、动力变革，使发展成果更好地惠及全体人民，不断实现人民对美好生活的向往。

第六章　国家电网公司在新时代下的定位和担当

"新时代"成为中国特色社会主义踏上新征程时最响亮的"集结号"和"冲锋号"。在新的历史方位下，国有企业要做承担新历史使命的先锋队、践行习近平新时代中国特色社会主义思想的主力军、世界一流企业的领跑者。

国有企业是中国特色社会主义的支柱，是推进中国进入这个历史新时代的强大推动力。国企要走什么样的强盛之路？我们要建设什么样的国企？国企要实现什么样的发展？要达到什么样的目标？国企作为承担新历史使命的先锋队要做出什么样的贡献？作为国企、"顶梁柱"，国家电网公司要适应这个新时代，改革和改造自已。这是摆在国家电网公司面前的问题，需要及时做出回答。

第一节　三个定位

能源是国民经济和社会发展的重要基础，是习近平总书记一直关心、关注的重要领域。党的十八大后，面对能源供需格局新变化、国际能源发展新趋势，习近平总书记从保障国家能源安全的全局高度，提出"四个革命、一个合作"能源安全新战略，这是习近平新时代中国特色社会主义思想的重要组成部分。作为国企、"顶梁柱"，国家电网公司更应深刻认识加快构建新发展格局的重大意义，找准其在新发展格局中的定位和担当，提高贯彻新发展理念、构建新发展格局的能力。

一、发挥基础保障

能源是国民经济稳定发展的基本保障。作为能源电力行业的国有骨干企业，国家电网公司首先要发挥的就是基础保障作用。确保电网安全运行和可靠供电是国家电网公司要做到、要做好的最重要的部分。下面笔者从五个方面跟大家介绍国家电网公司为助力新发展格局做出的努力和贡献。

1. 强电网

电网是关系民生的核心基础设施。国家电网公司近年来实施电网建设提升工程，全力打造安全可靠、绿色智能、互联互通、共享互济的现代化电网，加快建设具有中国特色国际领先的能源互联网企业，服务经济社会发展，为构建新发展格局提供持续动能。

2. 扩投资

国家电网公司聚焦特高压、充电桩、数字新基建等领域，2020年固定资产投资至4600亿元，预计带动社会投资超过9000亿元，整体规模将达到1.4万亿元。预计“十四五”期间，电网及相关产业投资将超过6万亿元规模。

3. 降电价

坚决贯彻执行国家降电价政策，2021年国家电网公司计划减免电费约926亿元，降低社会用能成本，助力工商业企业渡过难关。其实近两年来国家电网公司电费持续降价，目前我国电价在国际上已处于较低水平。

4. 优环境

持续优化电力营商环境，国家电网公司出台了全面提升“获得电力”服务水平九项举措，提高办电效率和服务水平，三年将累计为企业节省投资超1000亿元，出台支持5G发展的十项服务保障措施，充分激发电网产业链内需潜力。

5. 促转型

多措并举促进清洁能源发展，确保全年水电、风电、太阳能发电利用率达到95%以上。把握全社会用电量持续回升的有利时机，进一步优化能源消费结构，充分挖掘电能替代潜力，力争实现替代电量1900亿千瓦时。

发挥好基础保障作用融入和服务构建新发展格局，既是国有企业的重大责任，也是重要机遇。国家电网公司面对国内外电力行业新形势，考虑电网企业业务发展基础和特点，从五个方面发力，做到高质量发展，更好地服务国计民生。

二、创新引领

2020年8月24日，习近平总书记在经济社会领域专家座谈会上指出：“要大力提升自主创新能力，尽快突破关键核心技术。这是关系我国发展全局的重大问题，也是形成以国内大循环为主体的关键。”而企业正是技术创新的主体，是创新要素集成、科技成果转化的生力军。国有企业在发挥新型举国体制优势，助力科技强国建设，实现依靠创新驱动的内涵型增长，提高产业链、供应链稳定性和现代化水平中扮演着重要角色。

实际上，除了高铁，电网也是我国少数领先世界的高光产业。和高铁一样，我国电网建设技术已在澳大利亚、巴西等许多国家成功运用。同时，凭借全球特高压技术的话语权，我国成为第一产电大国，更借助智能化、物联网的战略布局，在产业安全度、先进性、智能标准化上不断拉开竞品距离。

一部盼望已久的动画片，因为突然停电泡汤了……这样的尴尬记忆，也许很多人都会有。在20世纪八九十年代，即使是在城市，一到夏天也会经常停电，工厂更是错峰用电。这就是俗称的拉闸限电。

如今，这种影响居民生活，更阻碍经济发展的现象，基本已消失。这种改变源自国家电网公司完备的电网体系，特别是成功研发出的特高压输电技术。

2006年8月，我国第一条特高压交流试验示范工程开工。2010年7月，来自四川金沙江向家坝水电站的电能，通过特高压输电线路送到了2000公里外的上海。

凭借这项先进技术，电力供需矛盾被成功解决。输电能力的提高，让我国发电量迅速增长，成为第一产电大国。不但让停电成为回忆，更为中国成为全球制造中心，提供了源源动力。

更重要的是，国家电网公司还建立了特高压技术标准体系，该体系由168项国家标准和行业标准组成。由此，极大地提升了我国在世界电力市场上的话语权。

今天，中国标准就是世界标准。国际电工委员会成立高压直流输电技术委员会，秘书处就设在国家电网公司。借助此标准，我国将特高压技术和设备成功输出到了许多国家。

可以说，20世纪的国家电网公司交出了一张不错的答卷。而梳理其成功秘诀，重视创新是一个重要考量。今后，国家电网公司如何继续实现创新引领，笔者认为需要从以下四个方面进行努力。

1. 坚持创新驱动

实施创新驱动发展战略，在特高压、智能电网等领域取得了一批世界级创新成果。2020年9月，国家电网公司召开了全公司近10万人参加的科技创新大会，全面实施“新跨越行动计划”，目的就是要下好创新发展“先手棋”，传承创新基因，实现更大的跨越。

2. 加大研发力度

聚焦国家战略需要，把握新一轮科技革命和产业变革机遇，持续加大科技研发投入力度，瞄准关键核心技术，全力攻克“卡脖子”

环节，从根本上解决关键核心技术受制于人的问题，确保我国电力产业链、供应链安全稳定。

3. 突破重点领域

重点在电力系统基础理论、建模仿真、运行控制技术等重点领域创造更多“从 0 到 1”的原创成果，努力实现“人无我有、人有我优”的超越。加强人工智能、区块链、北斗等技术应用，积极推进电网向能源互联网转型升级，打造未来发展新优势。

4. 激发创新活力

最大限度地调动科研人员积极性，打通创新链、产业链、人才链、资金链、价值链，把竞争和发展的主动权牢牢掌握在自己手中。坚持开放创新，抓住人才这个“第一资源”，加强高端科技人才培养，以涌现更多的“大专家”“大师”“大工匠”。

三、产业带动作用

当前，能源电力行业正在深刻转型，电网处在中心环节，将成为未来能源配置的主要平台。国家电网公司作为行业龙头企业，将发挥引领带动作用，放大国有资本功能，形成更多新的增长点，培育参与国际合作和竞争的新优势，为经济社会发展创造更大的机遇和空间。

1. 推动提质增效

坚持眼睛向内、量入为出，大力实施提质增效和产业升级专项行动，盘活增量效益，增供扩销拓市场，苦练内功降成本。积极做强主导产业，做优支撑产业，做大新兴产业，做好省管产业。

2. 培育发展动能

以电为中心延伸价值链，着力打造新的效益增长点。加快能源大数据中心、能源区块链、智慧能源等数字新基建发展。建设全国统一的智慧车联网平台，累计接入 77.5 万个充电桩，服务电动汽车绿色出行。

3. 构筑产业集群

充分发挥电网企业的产业链带动作用，激发市场主体活力，积极运用“大云物移智”等现代信息技术，加快形成能源互联网产业集群，推动产业向高端化、绿色化、智能化、融合化发展。

4. 拓展国际市场

深化“一带一路”电网基础设施建设和互联互通，积极开展股权投资，加快推进重点项目建设，稳健运营境外资产。融入全球产业链协同发展，积极带动投资、建设、运营和技术、标准、装备走出去。

融入和服务构建新发展格局，既是国有企业的重大责任，也是重要机遇。只要国家电网公司找准在新发展格局下的定位，牢牢把握扩大内需这个基点，充分发挥基础保障、创新引领、产业带动作用，就能为经济发展积蓄基本力量，保障产业链与供应链稳定，汇聚发展优势，创造新机遇，在推动国内大循环、畅通国内国际双循环中发挥“顶梁柱”作用。

第二节 六个担当作为

1997 年，国家电力公司成立。2002 年，国务院实施电力体制改革，组建国家电网公司。2017 年，公司改制为国有独资公司，名称变更为“国家电网有限公司”。

数据显示，目前国家电网公司是我国最大的电力企业，经营区域覆盖 26 个省（自治区、直辖市），覆盖国土面积的 88% 以上，供电服务人口超 11 亿人。公司 2018 年市场化交易电量约达 1.4 万亿千瓦时，同比增长 49.6%，占其总售电量的 31.2%。同时，国家电网公司也是全球最大的公用事业企业。

可以看出，国家电网公司是我国电力行业的重要企业。那么作为领头羊，其是如何来展现这份责任和担当的呢？

一、在加快科技自立自强中担当作为

加快科技自立自强，是构建新发展格局的关键。国有企业特别是国家电网公司作为国家战略科技力量，必须发挥好在科技自立自强中的引领支撑作用。大力实施创新驱动发展战略，发挥新型举国体制优势，加大研发投入，积极承担国家重大科技项目，牵头组建创新联合体，尽快突破关键核心技术“卡脖子”问题，把发展的主导权牢牢掌握在自己手中。

二、在加快培育完整内需体系中担当作为

加快培育完整内需体系，是构建新发展格局的重要基础。国内大循环越顺畅，越能形成全球资源要素的引力场，越有利于塑造国际竞争合作新优势。国家电网公司是关系到国计民生和国民经济命脉的关键领域和基础性行业，在统筹国内外市场、畅通产业链循环、保障基础产品供应上发挥着无可替代的重要作用。进一步立足自身比较优势，抓住重点、打通堵点，着力贯通生产、分配、流通、消费各环节，加快促进形成国民经济良性循环。要提升供给体系对国内需求的适配性，持续优化供给结构、改善供给质量，打造一批上下游紧密协同、产供销高度衔接的新兴产业集群，促进国内供给和需求在更高层次、更高水平上实现动态平衡。

三、在推动产业链、供应链优化升级中担当作为

推动产业链、供应链优化升级，是构建新发展格局的迫切需要。制造业是我国经济命脉所系，是立国之本、强国之基。国家电网公司

在增强产业链、供应链稳定性和竞争力上下更大功夫，坚持拉长长板、补齐短板相结合，打造优势产业集群、推动数字化转型升级，做在关键时刻能够稳定我国产业链、供应链的国家队。进一步优化国内外产业布局，加强与各类所有制企业的合资合作，采取有力措施提高企业根植性，促进产业在国内有序转移。

四、在推动新型城镇化和城乡区域协调发展中担当作为

推动新型城镇化和城乡区域协调发展，是构建新发展格局的关键因素。我国正处于城镇化快速发展时期，这个过程创造巨大需求，也提升有效供给。国家电网公司结合国家区域重大战略、区域协调发展战略、主体功能区战略，立足各地区的资源禀赋和比较优势，发挥大型骨干企业强大的产业带动作用，促进各类要素合理流动和高效聚集，促进重大基础设施、重大生产力和公共资源优化布局，支持发达地区加快推进现代化，帮助欠发达地区补短板、强弱项，推动经济布局持续优化。要在推动以人为核心的新型城镇化中发挥重要作用，推进城市生态修复、功能修补工程，建设绿色城市，有序推进海绵城市和韧性城市建设，增强县城综合承载能力和治理能力，引导劳动密集型产业在县城集聚发展。

五、在提高人民生活品质中担当作为

提高人民生活品质，是构建新发展格局的出发点、落脚点和关键联结点。提高人民生活品质是社会主义生产的根本目的，优化分配结构、发展壮大中等收入群体是畅通国民经济循环的关键环节。国有企业是保障人民当家做主和共同富裕的基石，而国家电网公司在提高人民生活品质中发挥着重要作用。要坚持按劳分配为主体、多种分配方式并存，健全工资合理增长机制，切实保障员工待遇和权益。要千

方百计稳定就业岗位，以企业发展带动就业，扩大就业容量，提升就业质量。

六、在推动更高水平对外开放中担当作为

推动更高水平对外开放，是构建新发展格局的重要举措。国有企业作为我国对外开放的排头兵，要充分利用国内国际两个市场、两种资源，积极主动与全球各类企业加强合作，共同实现更加强劲可持续的发展。国家电网公司早在2015年就提出了构建全球能源互联网，主要涵盖电力的洲内联网、洲际联网和全球互联，重点是开发“一极一道”（北极、赤道）为代表的大型能源基地、构建全球特高压骨干网架、推动智能电网在全球广泛应用、强化能源与电力技术创新，从能源合作的角度进一步推动“一带一路”经济带建设，提升企业全球核心竞争力。近年来，国家电网公司依托我国在基础设施、装备制造、投融资等方面产业链优势，坚持以服务“一带一路”沿线65个国家建设为主线，全面落实“走出去”，大力推动国际能源合作，取得一系列重大突破，走出了一条具有电网特色的国际化发展道路，彰显出同心共筑“中国梦”的信心和决心。

本篇结束语

当今世界正经历之大变局是百年来从未有过的，它既不同于第二次世界大战带来的变化，也不同于资本主义主导格局，更不同于之前的三次产业革命。这次变局之所以百年未有，其一，它将彻底打破美国独大、资本主义控制全球的旧格局，以前变局均没有达到这一质的突破；其二，这次产业革命也是以前从未有过的，不仅是产品上、技术上的革新进步，而且给人们的生产生活方式带来了根本性的变革。因此，这次变局是根本性、颠覆性的变局，是以前从未有之。国家电网公司站在“两个一百年”奋斗目标的历史交汇点上，正致力于加快建设具有中国特色国际领先的能源互联网企业，努力在构建新发展格局中找准坐标、把准定位、干出实绩。

本篇参考文献

［1］白云先生．世界是红的：看懂中国经济格局的一本书［M］．贵阳：贵州人民出版社．

［2］王昌林．新发展格局：国内大循环为主体　国内国际双循环相互促进［M］．北京：中信出版社．

［3］瞿商．习近平新时代中国特色社会主义经济思想的丰富内涵和历史基础［N］．光明日报，2018－6－15．

［4］李锦．新时代国有企业的地位与使命——习近平新时代中国特色社会主义思想学习体会［J/OL］．人民网，2017－10－26．

［5］刘鹤．加快构建以国内大循环为主、双循环相互促进新发展格局［N］．人民日报，2020－11－25．

［6］刘羊旸．为新发展格局添动能［DB/OL］．新华社，2020－10－9．

［7］彭华岗．构建新发展格局　国有企业要在六方面作出新作为［N］．证券日报，2020－11－26．

［8］俞泽尘．国家电网的飞轮效应［DB/OL］．首财研究院，2020－11－23．

宏观经济形势与国家电网公司发展战略

Passage 3

第三篇　新发展格局与国家电网公司的新角色

本篇内容提要

党的十九届五中全会作出的“加快构建以国内大循环为主体、国内国际双循环相互促进的新发展格局”重大部署，是以习近平同志为核心的党中央提出的一项关系我国长远发展和长治久安的重大举措，对于我国积极应对国内外形势变化、提升我国经济发展水平、塑造国际合作和竞争新优势具有重要意义。

改革开放以来，我国准确把握经济全球化不断深入的外部机遇，发挥劳动力等要素低成本优势，采取市场和资源“两头在外”的外向型经济发展模式，经济社会得到快速发展，经济实力稳步增强。当今，世界正处于百年未有之大变局，我国经济发展所面临的外部环境愈发复杂严峻。近年来，贸易保护主义、单边主义有所抬头，世界经济低迷，全球市场萎缩。但是，我国经济发展的基本盘总体稳定，国内需求潜力巨大。充分发挥国内市场规模大、内需潜力足、社会和谐稳定的优势，通过繁荣国内经济、畅通国内大循环，以国内市场效应为“桥梁”，促进国内国际双循环，为我国经济发展增添动力，推动我国经济转型升级，带动世界经济复苏。

构建新发展格局要把握系统思维，既要加强顶层设计和战略谋划，又要把握工作着力点。要把实施扩大内需战略同深化供给侧结构性改革有机结合起来，以创新驱动、高质量供给引领和创造新需求。要加快科技自立自强，打通创新生命周期各环节，解决关键技术领域的“卡脖子”问题，加快推进科技强国建设。要实行高水平对外开放，开拓合作共赢新局面。坚持实施更大范围、更宽领域、更深层次的对外开放，依托我国大市场优势，促进国际合作，实现互利共赢。

本部分内容聚焦新发展格局，系统地梳理了新发展格局的提出背景、核心内涵和实施路径，并结合国家电网公司工作实际，详细解读了国家电网公司在服务构建新发展格局中的新定位。国家电网公司是关系国家能源安全与国民经济命脉的特大型国有重点骨干企业，始终坚持贯彻创新、协调、绿色、开放、共享的新发展理念，认真落实“四个革命、一个合作”能源安全新战略。在构建新发展格局工作中，国家电网公司需要把握市场定位和比较优势，科学谋划“十四五”发展，以建设具有中国特色国际领先的能源互联网企业为总领，服务经济社会发展，为构建新发展格局提供持续动能。

第七章　新发展格局的演进

第一节　国际经济大循环

1978 年，党的十一届三中全会在北京召开，党的工作重心从以阶级斗争为纲转移到以经济建设为中心上。此次会议召开之前，中央领导人曾召开了长达 36 天的工作会议，会上的多个报告都是一些领导人和政府部门出国考察的成果。当年，邓小平鼓励领导人出国考察，安排了 13 位领导人到欧洲和亚洲的国家考察，有的领导人还不止出去了一次，所以这一年后来被称为“出国年”。邓小平本人也不例外，他去了日本和新加坡，体验了日本的新干线高速列车，参观了松下电器，再对比当时中国的落后，感慨不已。在新加坡，邓小平对该国利用外资发展出口的做法特别感兴趣。

后来，邓小平在 1979 年 10 月的一次讲话中说：“我到新加坡去，了解他们利用外资的一些情况。外国人在新加坡设厂，新加坡得到几个好处，一个是外资企业利润的 35% 要用来交税，这一部分国家得了；一个是劳务收入，工人得了；还有一个是带动了它的服务行业，这都是收入……我认为现在研究财经问题，有一个立足点要放在充分利用、善于利用外资上，不利用太可惜了。”

早在领导人出国之前，国家计委和经贸部就曾到过香港和澳门考察，考察结束后向中央递交了一份报告，报告里面提到建议把靠近香港的宝安县（现深圳）和靠近澳门的珠海县（现珠海）划为出口基地，利用几年的时间建成对外生产加工基地，以加强内地与香港、澳门的经贸联系。

当时香港的土地和劳动力价格比广东贵很多，倘若可以在珠海和宝安建立一些与出口加工和航运相关的工业区，用香港和澳门的资金和技术来发展自身的经济，广东人民就可以富起来。

广东在得知这个消息后，随即开始研究如何建的问题。此时跟广东不谋而合的还有香港招商局。香港招商局想在宝安的蛇口设立工业区，用宝安廉价的土地和劳动力，加上香港的资金和技术，发展出口加工。于是蛇口工业区才得以破土动工，成为我国第一个出口加工区。除了广东，福建也有着同样的地域优势，福建与台湾隔海相望，也想在厦门搞出口加工。

经过当时最高领导人的同意，1979 年 7 月，我国最终决定在广东的深圳、珠海、汕头和福建的厦门，划出一部分区域试办出口特区（1980 年出口特区改名为经济特区）。

以上可以归为我国改革开放早期对经济发展的探索经验。1987 年 10 月末，时任国家计委经济研究所副研究员的王建，把这些早期的经验概括为参与国际大循环的战略，并向中央提出了《关于国际大循环经济发展战略的构想》。这一构想引起了中央的高度重视，在“国际大循环”构想的基础上，“沿海发展战略”问世了。

1987 年 11 月到 1988 年 1 月初，国务院有关领导到江苏和福建考察，考察结束后向邓小平呈上了《沿海地区经济发展的战略问题》。邓小平对该报告做出批示：“完全赞成。特别是放胆地干，加速步伐，千万不要贻误时机。”

1988 年 3 月，党的十三届二中全会决定，实施沿海发展战略，同时明确了“沿海发展战略”的三大任务：

第一，利用我国劳动力充裕的资源优势，发展劳动密集型产业；

第二，吸引外商直接投资，大力发展“三资企业”（在中国境内设立的中外合资经营企业、中外合作经营企业、外商独资经营企业三类外商投资企业）；

第三，实行“两头在外”，大进大出，使经济运行由国内循环扩大到国际循环。

在这样一个“沿海发展战略”的指导下，尤其是1992年邓小平南行之后，我国的经济更快地融入世界经济秩序中，对外开放程度进一步扩大，与此同时，发达国家的产能、资本开始慢慢向中国转移。据统计，1992—2011年，我国累计实际利用外资金额达到了1.14万亿美元，成为全球外资最重要的投资目的地；我国不仅从全球第12大出口国，迅速成长为全球第一大出口国，而且从全球生产网络的边缘角色，一跃成为世界制造业的中心。这些成就都标志着国际经济大循环构想下的“沿海经济发展战略”取得了巨大的成功。

第二节　国民经济内循环

在此后推动形成国际经济大循环的过程中，这种“两头在外”“出口与投资双驱动”模式所携带的弊端也愈发明显。这样的经济发展模式过度依赖投资、出口，导致我国国际收支严重失衡，受外部制约越来越多，国内贫富差距越来越大，产业升级遇到瓶颈，生态环境日渐恶化。到了2006年，中国对外贸易依存度的峰值一度达到64%，我国国际经济大循环占主导、外向型经济的特征十分明显。对于一个大国经济体来说，这种经济结构非常少见。像世界第一大经济体美国，外贸依存度一直控制在20%左右。

在这个背景下，2006年初，“十一五”规划指出，要“立足扩大国内需求推动发展，把扩大国内需求特别是消费需求作为基本立足点，促使经济增长由主要依靠投资和出口拉动向消费与投资、内需与外需协调拉动转变”。

2011年初，“十二五”规划再次指出，“构建扩大内需长效机制，促进经济增长向依靠消费、投资、出口协调拉动转变”。由此可以看出，中央对经济发展的思路慢慢转变，经济政策的重心逐渐从侧重国际经济大循环，转向国内外循环相协调。

进入“十二五”之后，我国经济发展的一个显著特征就是进入新常态。2014 年末，中央经济工作会议指出的新常态的九大特征如下：

1. 模仿型排浪式消费阶段基本结束，个性化、多样化消费渐成主流；

2. 基础设施互联互通和一些新技术、新产品、新业态、新商业模式的投资机会大量涌现；

3. 我国低成本比较优势发生了转化，高水平引进来、大规模走出去正在同步发生；

4. 新兴产业、服务业、小微企业作用更凸显，生产小型化、智能化、专业化将成产业组织新特征；

5. 人口老龄化日趋发展，农业富余人口减少，要素规模驱动力减弱，经济增长将更多依靠人力资本质量和技术进步；

6. 市场竞争逐步转向质量型、差异化为主的竞争；

7. 环境承载能力已达到或接近上限，必须推动形成绿色低碳循环发展新方式；

8. 经济风险总体可控，但化解以高杠杆和泡沫化为主要特征的各类风险将持续一段时间；

9. 既要全面化解产能过剩，也要通过发挥市场机制作用探索未来产业发展方向。

在新常态下，我国也面临着经济的下行压力和四大阵痛：

1. 钢铁、水泥、造船、电解铝等制造业面临严重的产能过剩，制造业要“去产能化”；

2. 中国地方政府负债率较高，金融要“去杠杆化”；

3. 房地产调整阵痛；

4. 环境的要求，环境要“去污染化”。

2015 年末，中央经济工作会议提出“在适度扩大总需求的同时，着力加强供给侧结构性改革”。供给侧结构性改革的主要任务就是“三去一降一补”，即去产能、去库存、去杠杆、降成本、补短板。此后，2016 年和 2017 年供给侧改革的重心主要集中在去产能方面，并在 2017 年提前完成大部分目标，2018 年完成了去产能预设的全部目标。从 2017 年末、2018 年初开始，供给侧改革的重心逐步转向去杠杆、防风险。到 2019 年末，这些工作取得了重要的阶段性进展。

在这个过程中，很多专家学者对于扩大总需求和供给侧结构性改革两者孰重孰轻的问题各执一词，有人认为工作重心应该放在供给侧结构性改革上；有人则认为两者之间的关系不是对立的，可以实现有机统一。在供给侧改革开始的两年，也就是 2016—2017 年，外部需求环境比较好，当时扩大总需求的紧迫性还不是那么强，所以前者的观点占据了上风。但是到了 2018 年后期，经济环境出现两个方面的变化：

第一是供给侧结构性改革在去产能、去杠杆领域已经取得重要进展，但是经济和金融领域的短板变得更加明显；

第二是中美贸易战开打，外部投资增速下滑，外部需求增速放缓，导致扩大总需求的紧迫性不断上升。

为了应对这两个变化，2018 年 12 月的中央经济工作会议上提出了两个关键词，一个是“畅通国民经济循环”，另一个是“促进形成强大国内市场”。可以看出，国内经济循环越来越受到关注。

从 2019 年 12 月中央经济工作会议上了解到，供给侧结构性改革的重点正式转向了补短板、强弱项。过去去产能、去杠杆是做减法，现在补短板要做加法。会议内容从补短板入手，提倡从民生、产业升级、基建等领域做好补短板关注，把“释放国内市场需求潜力”与供给侧改革的“补短板”衔接起来，为“畅通国民经济循环”提出了具体政策抓手。

综上所述，我国经济政策的变化是顺应经济发展形势的必然结果。改革开放40多年，中国经济一步一步走到现在，从沿海发展战略时期的以国际大循环为主，到经济新常态的国内循环与国际循环协调发展，再到现在的强调聚焦国内经济循环的国民经济循环，这些都是根据我国不同时期经济发展状况所采取的经济策略，也就形成了我国经济发展的演进逻辑。

第三节　国内国际双循环

2020年是不平凡的一年，全球的新冠肺炎疫情、中美摩擦，这些都给中国经济发展带来很多困难。国际上，受疫情影响，全球经济进入衰退期，国际的贸易和投资都大幅减少，疫情最严重的时候，美国股市被称为“猴市”，上蹿下跳，导致全球金融市场起伏动荡，国与国之间的正常往来受到极大的制约。只要疫情还在，这种经济形势就还会持续。再加上这几年，一些国家又搞贸易保护主义、单边主义，我国面临的形势更加严峻，因此不得不在各种不确定性中谋求发展。

2020年5月23日，习近平总书记看望参加全国政协十三届三次会议的经济界委员时指出：“我国经济潜力足、韧性强、回旋空间大、政策工具多的基本特点没有变。”可以看出这里面存在着一个变与不变，变的是我国外部复杂多变的形势，不变是国内基本盘的总体稳定。所以，我国未来经济发展的重心不会放在国外，而应该是在国内，以国内循环为主，通过发挥内需潜力，让国内和国际更好地联通，更好地利用国内外的市场和资源，实现更加强劲可持续的发展。

第八章　新发展格局的必要性

第一节　内需优势的要求

在我国过去几十年的发展中，国际市场发挥了非常重要的作用，但在过去这几年，贸易保护主义有所抬头，逆全球化倾向已经初步显现出来，全球疫情又加剧了这种形势，全球产业链、供应链有一些脱钩。在这种形势下，我国把目光转向国内，把满足内需作为稳定经济发展的出发点与落脚点，利用内需优势，建立独立的国内经济循环体系，这是我国促进经济增长的重要途径。在推动经济发展方面，我国国内市场有两大优势，一是市场规模巨大，拥有一个 14 亿人口的大规模消费市场；二是工业体系的规模最大、最完整。目前，14 亿消费者产生的巨大的消费需求已经成为推动我国经济发展的第一动力。虽然疫情给我国经济造成了一定的冲击，但也带动了很多新的消费模式的发展，例如直播电商、直播带货等，疫情期间商场基本没有客流，但是你会发现几乎每个售货员都在通过网络进行直播带货，这些新业态的快速发展，对国内经济的发展起到了积极的促进作用。

第二节　外部形势的需要

随着经济全球化的不断推进，世界各国都处在全球生产网络中，自给自足的时代早已结束，任何一个国家都很难仅凭本国的资源制造出满足本国居民需求的所有产品。在各种要素全球流通的时代，产业链、供应链在国际市场上的配置是一个自然选择的过程，是顺应全球经济发展规律的必然结果。

中国的发展也是如此，改革开放40多年来，中国经济取得了巨大成就，这些成就是由我国紧抓经济全球化带来的各种发展机遇取得的，未来中国经济要实现稳定、持续、高质量发展，也离不开开放的市场与环境。在这种情况下，我国经济发展必须立足于国内大循环，实现国内国际双循环相互促进。

第三节 内外结合的选择

打造国内循环与国际循环，使这两个循环相互促进，共同作用于经济发展是大国独有的经济优势。如果一个国家国内市场需求比较大，就可以形成国内大循环，而且在国内大循环的支持下，国内企业可以参与国际经济大循环，那么国内经济循环就可以与国际经济循环形成功能互补，国内市场需求较小的国家就很难做到。从日本、美国、英国等世界主要工业大国的发展历程来看，都是以国内市场的培育为先，然后立足于国内市场向国际市场扩张，遵循的是“先内后外、内外并举”的发展路径。在这方面，中国就不一样。自改革开放以来，我国就非常注重对国际市场的开发与扩张，大力发展外向型经济，强调国际市场与资源的利用，忽略了对国内市场的开发与培育，在一定程度上限制了大国经济优势的发挥。虽然在经济发展初期，凭借“两头在外，大进大出”的这种出口导向型战略，我国经济实现了迅猛发展。但该战略之所以能够推行，是以某些内部条件为前提的。一旦这些条件发生变化，出口导向型战略就会出现一些负面效应。

过去，我国经济发展处在数量增长阶段；现在，我国经济发展已经进入质量增长阶段。随着土地、劳动力等生产要素的价格不断上涨，我国发展劳动密集型产业的优势逐渐消失。想要进一步提高对外开放水平，利用国内需求吸引国际要素，必须摒弃原有的经济发展模式。所以，在这种形势下，构建双循环新发展格局的意义重大。

总而言之，在国际政治、经济形势动荡不安的当下，构建双循环经济发展格局，是维护经济安全、增强经济发展韧性的重要举措。在国内循环、国际循环的交互影响下，可以实现经济的稳定和可持续发展，同时可以极大地促进世界经济发展。

第九章　新发展格局的构建

第一节　深化改革

一、消纳产能，优化供需动态平衡

近几年，供给侧结构性改革取得了一定的效果，一些行业的产能过剩问题有很大改善，但是受疫情影响，部分传统行业在产能过剩方面又出现了新的问题。

以钢铁行业为例。据工业和信息化部数据，我国在2019年的生铁产能为800亿吨，同比增长53%；粗钢产能为9.96亿吨，同比增长8.3%；钢材产能为12.05亿吨，同比增长9.8%。三者的产能增长都非常迅速，已经出现产能再次过剩的迹象。实际上，在钢铁生产端，我国已经利用一系列"去产能"措施淘汰了一批污染严重、技术落后和规模较小的产能，目前我国的钢铁产能已经处于世界领先水平。但是在钢铁消费端，建筑业对钢铁的消费需求占总产能的60%以上，其中在建筑结构上的消耗量只有7%—8%，而一些欧美国家和地区在建筑结构上的消耗量为40%左右。目前，我国每年都会新增10多亿平方米的建筑面积，如果能适度提高建设标准，增加房屋用钢比重，例如使用钢结构建筑，就能每年多消耗钢材1亿多吨，对消化国内的钢铁产能很有帮助。

再例如汽车行业。2019年，我国共生产汽车2572.1万辆，销售汽车 2576.9 万辆，无论是在汽车生产还是汽车销售上都位居世界第一，而且是连续几年第一。但是，与 2018 年相比，我国汽车的生产量下降 7.5%，销售量下降 8.2%，有一些消费萎缩的迹象。世界银行公布的数据显示，2019 年，美国每千人汽车拥有量为 837 辆，德国每千人汽车拥有量为 589 辆，日本每千人汽车拥有量为 591 辆，而我国每千人汽车拥有量只有 173 辆，甚至连一些亚洲国家都比不上，像马来西亚每千人汽车拥有量都有 433 辆。从每千人汽车拥有量上来看，我国汽车市场的前景十分广阔。我国每千人汽车拥有量较少、汽车消费不振的主要原因在于一些政策限制了汽车消费。其实国内有不少人有购车需求，但是由于限购、限行等政策的约束，他们不得不打消了购车的念头。所以 2020 年 2 月，商务部梳理了当前商务领域促进汽车消费的主要工作任务和一些地方好的经验做法，形成了《商务领域促进汽车消费工作指引》（以下简称《指引》）和《地方促进汽车消费经验做法》。《指引》提出，优化汽车限购政策，已实施汽车限购的地方，应统筹群众汽车消费需求和当地交通拥堵、污染治理等因素，通过增加号牌指标、放宽号牌申请条件、精准设置限购区域、探索拥堵区域内外车辆分类使用政策等措施，有序取消行政性限制汽车购买规定。各地不出台新的汽车限购规定，稳定城市汽车消费。由此可以看出，如果我国能给汽车消费提供更大的空间，调整政策方向，改造城市交通设施，加大立体停车库建设，就能够满足市场消费需求。事实上，在写字楼方面，一些城市已经出现产能过剩的问题，写字楼闲置了，就会造成资源浪费。如果能将部分过剩的写字楼改造成立体车库，对消费也是一个拉动。

再例如能源化工行业。我国的资源具有“富煤、缺油、少气”的特点。我国 2019 年的进口原油量达到 5 亿吨，占市场消耗总量的 70.8%，对外依赖程度非常大；天然气进口量达到 9660 万吨，占市场消耗总量的 43%，对外依赖程度也不小。在未来几年中，我国在油气方面的对外依存度还会继续提高。但是油气对外依存度较高，总归是国家能源安全的重大隐患。我国进口的油气资源主要用于国内各种化工产品的生产消耗，刚才提到了我国“富煤、缺油、少气”的特点，其中煤炭资源储量丰富，居于世界领先行列。据统计，我国煤炭的年产能可达50亿吨，实际产量约40亿吨，总体上还是“过剩”。

我国在煤炭资源上具有领先优势。所以，可以探索用煤炭来代替进口原油，促进煤化工、煤制油、煤制气等行业的发展。未来的电力将主要产生于可再生资源，如风能、太阳能、水能等，不会把如此丰富的煤炭资源，只是简单地用来发电，还将把它用到化工产业上。国内一些大型企业已经具备这个能力，如神华集团。如果我国能将煤炭用于炼制化工原料，比如每年新增8亿—10亿吨煤化工原料，那么每年就能减少石油进口量2亿—25亿吨，不仅解决了国内“过剩”的煤炭产能消纳问题，还可以降低我国资源对外依赖程度。

只不过目前煤化工在技术路线上受到两大制约，一是成本较高，二是清洁技术落后。这两种制约都可以通过科技的创新慢慢解决，但需要投入大量资本，发展煤炭清洁利用技术，用科技创新降低生产成本，提高煤化工产业的竞争力。

从以上三个行业可以看到，单纯的去产能手段是不能彻底解决问题的，需要采取拉动内需和政策引导来解决。所以，产能过剩是一个相对的概念，主要受特定技术和制度环境的影响，而环境一旦改变，供需条件也就会跟着发生变化。

二、改善民生，跨越“中等收入陷阱”

中等收入群体是休闲旅游、教育医疗、购房买车等中高端商品消费支出和服务消费的主力军，是推动消费结构向高端化、多样化、个性化升级的中坚力量，对扩大内需和促进经济循环具有强大的支撑作用。2019年，我国人均GDP突破1万美元，意味着我国已经进入中等收入水平，不过还处于“爬坡过坎”阶段。虽然我国的中等收入群体达到4亿人，占全球中等收入群体的30%以上，但是对比发达国家，我国仍然存在很大差距，主要是两个比例较低。一个是我国中等收入群体占总人口的比重比较低。发达国家的中等收入群体占比都在60%以上，比我国高出近1倍，是理想的“纺锤形”收入结构。另一个是我国中等收入群体标准线上限人群比重比较低。按照世界银行标准，年人均收入2.5万属于中等收入群体，25万同样属于中等收入群体，两者相差10倍。在我国的中等收入群体里，靠近中等收入标准线下限的群体更多一些。李克强总理在2020年“两会”期间提到，我国还有近6亿人，每个月收入不足1000元。叠加疫情对全球经济造成的严重冲击，如果不能有效实施合理的政策，很可能会致使我国掉入“中等收入陷阱”。所以，需要采取一系列政策措施，如完善税收调节政策、完善社会保障政策等，扩大中高等收入群体，缩小低等收入群体，从而形成“纺锤形”收入分配格局。

1. 完善税收调节政策

我国税制结构以流转税为主，能够起到调节收入分配作用的所得税比较少。高收入人群的税收存在“跑冒滴漏”的现象，而作为主要调节财富分配手段的遗产税也一直没能出台。由于缺少调节高收入的有效手段，导致高收入群体的财富和收入增速明显高于一般群体，这也是城镇内部收入差距进一步扩大的一个重要原因。未来，笔者认为需要重点发挥个人所得税和小微企业所得税在调整收入分配方面的作用，提升群众的消费能力，保持经济增长动能。

一是改革个人所得税。我国目前个人所得税的最高税率是45%，在全世界范围内都算是比较高的税率，但我国每年的个人所得税占全部税收收入的比重仅为7%，大大低于发达国家20%、发展中国家15%的比重。之所以这么低，其中一个重要原因在于我国的高收入人群并没有缴纳其应该缴纳的个税。我国个税的征收方式实行的是累进机制，按常理来讲，收入越高，缴纳的个税越多，那么高收入人群缴纳的个税总额应该占个税总收入的比重更多，但实际上我国个人所得税有70%—80%都是工薪阶层缴纳的。之所以会出现这种状况，是因为高收入人群会通过一些手段进行合法的“避税”或“节税”，来降低自身缴纳的税费。最常见的方法就是将自己的公司和企业迁到国外避税港进行避税。同时，由于我国企业所得税税率是25%，是低于个人所得税最高税率的，所以很多企业家和高管会选择不给自己发“工资”，而自己的一切开销都通过公司报销，收入就依靠公司的年底分红，而这部分仅需缴纳25%的企业所得税，导致个税的总税收在一定程度上降低。按照国际惯例，个人所得税税率应该小于或等于企业所得税税率，现在企业所得税税率降到了25%，那么个人所得税最高税率也应从45%降到25%，相应的累进税率也要同步下调。这样一来，高收入群体的合法“避税”“节税”等现象就能得到有效解决，那些不给自己发工资的企业家和高管们也会选择缴纳个税；同时，个税税率的降低能提高居民可分配收入，进而促进消费，拉动经济发展。

二是稳定小微企业所得税优惠政策，保障中小企业高质量发展。在我国企业中，中小企业数量最大，且最具创新活力，是推动大众创业、万众创新的重要载体，作为我国县域经济的主体，对国民经济和社会发展有着不可替代的作用。中小企业的作用可以概括为“56789”五个数字，即中小企业贡献50%以上的税收、60%以上的GDP、70%以上的专利发明权、80%以上的城镇劳动就业，中小企业的数量占全国企业总数量的90%以上，并容纳90%以上的新增就业。所以，中小企业活，则国民经济活。中小企业能否健康发展，是国民经济发展的风向标和晴雨表。

近年来，我国中小企业面临着融资难、融资贵的问题，为了解决这个问题，2018年国家有关部门针对小微企业出台了持续三年的所得税优惠政策。2020年7月，工业和信息化部联合国家发改委、科技部、财政部等17个部门联合印发《关于健全支持中小企业发展制度的若干意见》，对加大财税支持、优化服务体系、保护中小企业合法权益等方面进行制度设计，同时对完善基础性制度、压实地方政府责任提出要求，为中小企业发展保驾护航。由此看出，在当前广大小微企业因疫情冲击，生存面临空前压力的情况下，更加需要保持并加大对中小企业的税收优惠政策，才能更好地满足以国内大循环为主的需要。中小企业经营状况好转后，必将带动更多的就业，推动经济向更好的循环方向发展。

2. 完善社会保障政策

2020 年前三季度，全国居民人均可支配收入实际增长 6.1%，同期人均消费支出实际增长 5.7%。2019 年人均可支配收入实际增长 6.5%，人均消费支出实际增长 6.2%。对比看来，收入和消费增长速度都在放缓。

2019 年，全国居民人均消费支出 21559 元，其中，居住、医疗保健、教育文化娱乐三项支出合计占人均消费支出的 43.9%，与 2015 年相比，这三大项目的消费支出占比提高了 3.7%，制约了居民消费水平的提升。笔者认为，我国消费增长近几年放缓的原因可能跟 2015 年以来房价过快上涨有关，房价过快上涨导致家庭债务增加，抑制了消费能力。中国人民大学以家庭债务占家庭可支配收入的比重计算杠杆率，得出的结论是，截至 2017 年末，中国家庭部门杠杆率（家庭债务/家庭可支配收入）高达 110.9%，超过美国家庭的 108.1% 的杠杆率水平。

以 2018 年为例，消费对中国经济增长贡献率达到了 76.2%，第三产业（广义服务业）对 GDP 增长的贡献率达到了 59.7%。第三产业增加值占 GDP 的比重是 52.16%。那么，在服务业比重越来越高的情况下，刺激商品消费其实是事倍功半。真正应该努力的方向是，增加居住、医疗保健、教育文化娱乐等方面的财政支出，以换取居民在这些领域减少支出，居民才会将节省下来的钱用于其他消费支出，让消费者敢消费、愿消费。

根据统计数据显示，作为消费主力的“90后”群体负债率很高，在消费贷款群体中占比达43.48%。《2019中国“90后”消费金融发展现状监测报告》则显示，50%以上的“90后”将消费金融用于网购，满足超前消费，例如京东白条，花呗等。其实，“90后”群体除了居住性支出（主要是租金）外，在医疗、教育方面的支出很少，就这种情况，已经属于透支消费群体，考虑到他们未来成家之后，日常消费还将会下降。中年群体收入虽然较多，但住房、医疗、教育三项消费支出全都涉及，同样限制了他们的其他消费能力。

可以看出，只有尽快降低住房、医疗与教育的支出比重，才能释放社会主要消费力。否则，单靠各种价格优惠推销过剩产能下的商品，是很难实现目标的。

三、协调发展，培育经济增长动能

我国改革开放40多年来，取得了伟大的成就，同时也产生了一些问题，如经济发展东快西慢、南快北慢的问题，也就是区域发展不平衡的问题，所以党中央提出实施区域协调发展战略。在我国的版图上，从黑龙江黑河到云南腾冲，有一条呈45°角的斜线，这就是地理学家胡焕庸在1935年提出的我国人口密度划分线，也叫“胡焕庸线”。20世纪30年代，这条线的东南部以36%的国土聚集96%的人口，而西北部以64%的国土承载4%的人口。令人惊奇的是，在历经80年的城镇化和各种人口迁移之后，这条斜线的人口分布含义仍然未变。中国科学院的地理学家根据2000年第五次人口普查的数据进行测算，发现这条线东南部人口仍占全国总人口的94.1%，西北部占5.9%。同时，这条线也是中国400毫米降水线的分界线，也就是说，这条线下面的地区降水更充沛，更宜居。青藏高原是长江、怒江、澜沧江三江的源头，如果在青藏高原上搞工业、建城市，水就会全部被用干，从而导致下游的水断流，黄河、长江、澜沧江、珠江都会断流。而我国能住人的地方，其中大部分是粮食主产区，需要种庄稼，养活我国14亿人口。从这个角度分析，国家的压力就很大，既要保护环境，又要发展城市，还要有粮食吃，而且基本主粮要掌握在自己手里，不能让人民饿肚子，所以国家规划了三张图。

第一张图就是“两屏三带”生态安全战略布局。具体是指以青藏高原生态屏障、黄土高原川滇生态屏障、东北森林带、北方防沙带和南方丘陵土地带以及大江大河重要水系为骨架，以其他国家重点生态功能区为重要支撑，以点状分布的国家禁止开发区域为重要组成部分的生态安全战略格局。以东北森林带为例，东北森林带区域位于我国东北部，涉及黑龙江、吉林、辽宁和内蒙古4个省（区），含大小兴安岭森林、长白山森林和三江平原湿地3个国家重点生态功能区。此区域作为我国“两屏三带”生态安全战略格局中东北森林带的重要载体，对调节东北亚地区水循环与局地气候、维护国家生态安全和保障国家木材资源具有重要战略意义。但由于长期高强度的森林资源采伐和农业开垦，导致森林、湿地等原生生态系统退化。2000年，我国启动了天然林保护工程，停止对天然林的商业砍伐。2016年，习近平总书记去黑龙江调研，第一站直接去了伊春，考察了天然林的保护情况，体现了总书记对生态环境的关注。生态就是资源，生态就是生产力。如果仅仅靠山吃山，很快就坐吃山空了。生态要保护好，就需要一系列的保障，首先需要立法，《中华人民共和国森林法》2020年7月1日正式施行；其次，需要中央财政专项资金支持，不仅要提高天保工程区国有林管护补助标准和国有国家级公益林生态效益补偿标准，而且大部分林区所在地刚刚摆脱深度贫困，需要继续跟进；最后，需要加强宣传，要向子孙后代宣传，为了中华民族的子孙后代，要无条件地保护这些地方，这也是我国的生态红线。

第二张图是“七区二十三带”农业战略格局。“七区”是指东北平原等7个农产品主产区，“二十三带”是指“七区”中以水稻、小麦等农产品生产为主的 23 个产业带。当年美国的大豆带、玉米带令人羡慕，现在国内也有。众所周知，国家规定了 18 亿亩的耕地红线，但是现在的耕地面积可不止 18 亿亩，差不多是 24.5 亿亩，而且现在还在造田。不过，国家规定的 18 亿亩红线指的主要是主粮，即玉米、大豆、小麦、水稻、马铃薯等，这些主粮必须握在自己手里，绝对不能发生饥慌。而这些主粮就是出自“七区二十三带”的农业主产区，同样也需要立法，需要下大气力保护。

第三张图是城市群规划。未来中国经济发展最重要的实际上是五大城市群，即环渤海的京津冀城市群、长江上游的成渝城市群、以武汉为中心的长江中游城市群、长江下游的长三角城市群和我国南海的珠三角城市群——现在的粤港澳大湾区。这五大城市群就是中国城市化的未来，城市群聚集的最重要的区域！将来，中国 75% 的 GDP 都将来自这里。均衡发展绝不等于所有城市齐步走，而是更加实事求是，城市群才是我国重点发展的地区。

在我国东北部有一个城市群，国家想用举国体制让东三省重新“站起来”，但绝对不是像撒胡椒粉一样，其中重点发展的只有 4 个城市，即哈尔滨、长春、沈阳、大连。因为现在东北有很多城市是资源枯竭的，很多地方原来产煤，现在用煤竟然要靠进口。

笔者所处的位置也属于一个重要的城市群——京津冀城市群。京津冀城市群过去发展是比较慢的，但是近几年，京津冀的协同发展开始加快了步伐。先看雄安新区，我国对于雄安新区做了长远的考虑和长时间的准备，计划在雄安新区做地热系统、地下管廊、地下城市空间等。2020 年 11 月，经过近 4 年的努力，雄安新区综合地质调查取得重要阶段性成果，地下 1 万米的结构全部勘测完毕，基本查清雄安新区地下地质结构、地下水流系统及地热资源分布。由此看出，雄安新区的规划确实是长远的。再看沧州，这两年发展同样很快。由于京津冀地区对城市功能有了新的调整，北京的生物制药企业可以做研发，但不允许生产，因为制药用水量很大，并会产生很多废水，而且为了保护环境还要搞循环经济，需要找一个水资源充足的地方。位于沧州黄骅港的神华集团从国外学到海水淡化技术，基于此，沧州建立了制药工业园，用来接纳北京的这些企业，实现资源互补。除此之外，沧州还承接了北京外迁的批发市场，建立了服装产业园，现在加工厂、批发市场、物流、仓储一应俱全，而且周边都配备了学校和医院。

经过多年调整，北京“瘦身提质”，推动一批区域性批发市场、一般性制造业企业、学校、医院有序地向外疏解；天津“强身聚核”，加速发展信创产业，加快北方国际航运枢纽建设打造；河北“健身增效”，大力去煤炭、钢铁、玻璃、水泥等产能，三地产业结构正在不断优化。在未来，京津冀城市群的发展必将成为中国经济发展的重要增长动能。

第二节 创新驱动

在“十四五”规划和2035年远景目标建议里，创新，尤其是科技创新，再次被突出强调，并且被提到了新的战略高度。这与过去几年，我国多个关键技术领域、龙头企业所遭遇的“卡脖子”问题密切相关，所以以更高层级的战略决心推进科技创新，解决“卡脖子”问题，显得迫在眉睫。

党的十八届五中全会公报中的关键阐述是：“坚持创新发展，必须把创新摆在国家发展全局的核心位置。不断推进理论创新、制度创新、科技创新、文化创新等各方面创新，让创新贯穿党和国家一切工作，让创新在全社会蔚然成风。必须把发展基点放在创新上，形成促进创新的体制架构，塑造更多依靠创新驱动、更多发挥先发优势的引领型发展。”

与十九届五中全会公报相比，注意关键词的变化——“国家发展全局的核心位置”变为“现代化建设全局中的核心地位”，“把发展基点放在创新上”变为“把科技自立自强作为国家发展的战略支撑”。

如果说“国家发展全局”和“现代化建设全局”两者还属于一脉相承，属于目标和阶段的正常递进更新，那么“把科技自立自强作为国家发展的战略支撑”，显然是将科技创新的战略意义提升到了前所未有的高度。

加快推进创新驱动发展战略，不断增强自身科技竞争力，关键在于要加快打通“基础研究—科技转化—商业应用”创新全流程链条，分别予以财力、物力、人力等多方面投入，实现创新驱动对科技强国的有力支撑。

一、基础研究：从0到1

通过创新驱动实现关键核心技术领跑的第一阶段，是强化基础研究，也可以称为原始创新，这意味着从无到有，从而实现更多“从0到1”的突破。这个阶段我国过去二十几年一直在推进，但是现阶段存在着很大的短板。虽然2019年研发总投入2.17万亿元，占GDP的2.2%，仅次于美国，是世界第二大研发投入国，比日本和欧洲各个国家都要多；但是投资领域比较分散，基础研究领域投入较少，尤其是“核高基”领域的研发，即核心、高科技、基础性的领域，在这方面的创新研发投入只占总研发投入的5%，而G20国家“核高基”领域研发投入占比达到20%左右，总体差距较大，这就是短板所在。所以，今后不管是国家层面还是企业层面，都要在“核高基”的研发上加大投入，集中力量办大事。例如，华为作为一个民营企业，其实在“核高基”领域上研发投入最多，2019年研发投入1317亿元，业内人士称，其中500亿元投入在芯片、集成电路等“核高基”领域上。我国拥有众多研究所、大学和国有企业、民营企业，在“核高基”领域上的总研发投入大概1000亿元，其中华为占据50%。可见，国家和企业的成功离不开创新，而创新则需要科研经费，或者是种子基金、天使基金的支持，来奠定基础、培育沃土。

二、科技转化：从1到100

经过研发中心、实验室的不懈努力，研发出丰硕的成果，取得较高的成就，例如国家科技进步奖等。成果出来之后，研发团队一般会拥有不同比例的知识产权，但是近十几年来，成果发明人变成百万富翁、千万富翁的事例并不多见，初步推定是成果没有变成市场化的产品，没有转化，即转化率为0，即使拥有知识产权的80%，最终收益仍然为0，换句话说，就是成果转化环节没做好。经过基础研究阶段“从0到1”的跨越之后，要想实现“从1到100”，则需要一个“中间人”。“中间人”要有两个保障，第一个是法律保障，如美国硅谷在40多年前形成的《拜杜法案》。1980年，美国国会参议院博区·拜和罗伯特·杜尔联合提出的《拜杜法案》由美国国会通过，该法案让美国的大学和研究机构能够享有政府资助科研成果的专利权，极大地带动了技术发明人员的成果转化热情，1978年美国的科技成果转化率是5%，该法案出台后，转化率短期内翻了10倍。该法案被英国的《经济学家》杂志评价为，美国国会在过去半个世纪通过的最具鼓舞力的法案，也是美国从制造经济到知识经济转变的标志。第二个是技术转化保障。具备法律保障之后，就会出现很多中介，即技术转移机构，或者叫技术转移经纪人，这个词源于德国，德国的弗劳恩霍夫协会是技术转移机构的代表，他们专门把各式各样的发明和教授、专家的成果，带到技术市场里进行转化。所以，要学习和借鉴国际科技创新的先进经验，遵循科技创新的规律，建设一批具有创新实力的技术转移机构，提升我国科技成果转化率。

三、商业应用

将技术转化为成果变成真正的生产能力是创新活动第三阶段的主要任务。这一阶段很好理解，就是利用创新制造一款产品，例如一台电脑，然后将其变成千千万万台产品，最后畅销世界。要将科技成果应用到商业中、应用到市场上，就需要大工厂的开发和生产线。而大工厂的生产线，需要反复投入各种资本，普通合伙人拉拢各种有限合伙人，形成私募基金、风投基金，一轮一轮投入之后到科创板市场上市，最后成为独角兽企业，变成大集团。近年来，我国在资本市场基础制度建设上取得了显著成效，典型案例就是推出了注册制的科创板，为广大科技型企业上市融资开通了一条便捷的绿色通道。当下的重要任务就是充分发挥科创板的示范作用，将资本注入创新领域。

综上所述，我国在“从 0 到 1”上不断增加投入，在“从 1 到 100”上持续建设技术转移机构，孵化成果，并借助科创板资本市场的注入，这样一来，我国创新全方位流程即可打通，内需潜力将会得到充分释放。

第三节　对外开放

一、高水平对外开放的意义

近年来，我国与国际之间的紧密程度达到了空前的高度，国内与国际在经济领域的联动影响着我国经济发展的各个环节。想要兼顾国内、国际发展，对两个市场与资源进行优化利用，必须在强化经济发展优势的基础上，进一步扩大对外开放领域，提高对外开放程度，探索创新对外经济合作的新模式、新体制、新路径，立足于我国国情，积极对接国际规则，构建更高水平的开放型经济新体制。

坚持和完善中国特色社会主义制度、推进国家治理体系和治理能力现代化的需要。对外开放是我国的基本国策，是国家繁荣发展的必由之路。2013 年 11 月，党的十八届三中全会指出，“中国坚持改革开放不动摇。中国越发展，就越开放”。开放是中国特色社会主义制度的重要特征。建设更高水平开放型经济新体制，就是要进一步打通国内国际两个市场，高效利用国内国际两种资源，形成统一开放、竞争有序的现代市场体系，充分发挥市场在资源配置中的决定性作用，更好地发挥政府的作用，促进国内国际要素资源有序自由流动、全球高效配置。中国特色社会主义进入新时代，建设更高水平开放型经济新体制，加快建设与国际高标准贸易和投资通行规则相互衔接的市场规则制度体系，有利于加快完善社会主义市场经济体制，推进国家治理体系和治理能力现代化。

推动经济高质量发展的需要。我国经济已由高速增长阶段转向高质量发展阶段，社会主要矛盾转化为人民日益增长的美好生活需要和不平衡不充分的发展之间的矛盾。这是关系全局的历史性变化，对扩大开放也提出了新要求。当前，我国正处在转变发展方式、优化经济结构、转换增长动力的攻关期，部分中低端产品过剩和中高端产品供给不足并存，产业链不够稳固和安全，这与开放水平不高、企业国际竞争力不强有关。这就要求必须以推动经济高质量发展为根本要求，通过建设更高水平开放型经济新体制，更好地利用全球资源和市场，更大程度地引进国际先进技术、经营理念和管理经验，更大力度地拓展国际人才、经济技术交流与合作，进一步增强我国经济创新能力，推动经济转型升级，实现新旧动能转换，促进我国产业迈向全球价值链中高端。

全面深化改革的需要。以开放促改革是我国的一条重要经验。实践证明，开放往往为改革带来新的动力，从而变被动改革为主动改革。随着经济体制改革进入攻坚期和深水区，针对体制性障碍、机制性梗阻、政策创新不足等“险滩”和“硬骨头”，需要对标党的十八届三中全会以来中央确定的各项改革任务，以更大的勇气，打破思想束缚和利益藩篱，进一步深化改革。开放也是改革，要以第二次“入世”的毅力和决心，通过建设更高水平开放型经济新体制，主动开放，自主开放，变外部压力为内生动力，加强改革系统集成、协同高效，以开放促改革、以改革促发展，不断激发市场活力，增进人民福祉。

抓住和用好我国发展重要战略机遇期的需要。当今世界正经历百年未有之大变局，我国正处于实现中华民族伟大复兴的关键时期，外部发展环境和条件正在发生深刻变化，机遇和挑战并存，机遇大于挑战。一方面，世界经济进入深度调整期，经济全球化在曲折中前行，一些国家单边主义、保护主义和内顾倾向愈演愈烈，多边主义和自由贸易体制受到严重冲击，各国抢占科技制高点、整合全球价值链的竞争日趋激烈，全球化动力系统面临转换，国际经贸规则体系面临重构。另一方面，我国已成为世界第二大经济体和世界经济增长重要引擎，与我国在世界经济中扮演的新角色相比，我国对外开放水平总体不够高、国际制度性话语权不强的问题比较突出，不利于抓住和用好重要战略机遇期。面对外部环境新形势，我们必须因势而谋、应势而动，认识好、把握好、利用好我国发展的重要战略机遇期，加快发展更高层次的开放型经济，主动参与国际经贸规则制定，推动经济全球化朝着更加开放、包容、普惠、平衡、共赢的方向发展，为推动建设开放型世界经济体系贡献中国的智慧和力量。这既是顺应大势拓展我国自身发展空间的需要，也是主动作为彰显我国大国担当、为全球经济治理做出贡献的需要。

二、高水平对外开放的思路

经过 40 多年的改革开放，我国经济发展取得了举世瞩目的巨大成就。目前，我国已成为世界第二大经济体、第一大货物出口国，利用外资和对外投资规模位居世界前列。党的十九届五中全会提出，实行高水平对外开放，开拓合作共赢新局面。坚持实施更大范围、更宽领域、更深层次对外开放，依托我国大市场优势，促进国际合作，实现互利共赢。

1. 更大范围的开放

我国过去的开放主要在沿海区域，现在要改变“东快西慢、沿海强而内陆弱”的开放格局，形成沿海、沿边、陆地同时开放的新局面。其中一项重要任务就是“一带一路”建设，“一带一路”建设提到了六大经济走廊——新亚欧大陆桥经济走廊、中蒙俄经济走廊、中国—中亚—西亚经济走廊、中国—中南半岛经济走廊、中巴经济走廊、孟中印缅经济走廊。可以看出，这几大经济走廊把我国和周边很多国家都连在一起，将来发展好了，对中西部沿线城市发展和经济拉动是非常大的。新亚欧经济走廊是一条从我国东部的江苏连云港到荷兰鹿特丹港的国际化铁路交通干线，全长 1.1 万公里，途径我国东部和中部的多个省市，沿途辐射 30 多个国家和地区，沿线途径中国、哈萨克斯坦、俄罗斯、波兰、德国和荷兰。这条线比绕道太平洋、马六甲海峡、印度洋、苏伊士运河的水运距离缩短了 1 万公里，运费可以节约 20%，时间更可节约一半。中巴经济走廊北起我国的新疆喀什，南到巴基斯坦的瓜达尔港，是我国预计投资 460 亿美元重点建设的重要项目，双方共同修建一条从喀什到瓜达尔港的公路、铁路、油气管道及光纤覆盖四位一体的通道，中东石油天然气可以直接从这个港口的油气管道输送到我国，不但能节约 80% 以上的运输成本和时间，更重要的是可以保障我国能源安全。

2. 更宽领域的开放

过去我国主要是制造业的开放，现在不仅要扩大制造业的开放领域，而且要逐步开放服务业。例如，在汽车工业领域，2018 年，我国放开了专用车和新能源汽车外资的股比限制；2020 年，在商用车领域也放开了相关限制；2022 年，我国还将会在乘用车也就是家庭轿车方面也放开外资限制。将来以汽车工业为代表的高端制造业会和国际资本、国际市场在同一个舞台上竞争，可以称之为“与狼共舞”。当然，竞争本身对我国发展、建制、提高经济活力和竞争力也是很有帮助的。我国保护了汽车工业70多年，而家电行业从发展到兴起，整个领域全面开放，只用了20多年的时间，现在我国家电行业在世界上的竞争力是无与伦比的，反观汽车工业至今还很薄弱。与制造业相比，服务业的开放比较滞后，整体竞争力也弱一些，同时风险系数也比较高，所以服务业的开放是循序渐进的。先从金融业、信息、软件、交通运输这些领域对外开放，然后再慢慢开放其他产业。2020年9月4日，习近平总书记在中国国际服务贸易交易会全球服务贸易峰会上的致辞中指出，“放眼未来，服务业开放合作正日益成为推动发展的重要力量”。而且有报告预测，2040年全球服务贸易在全球贸易中的占比将提升到50%，可以看出服务贸易是未来自由贸易的重点。

3. 更深层次的开放

从我国改革开放的历程看，开放型经济发展大致经历了以下阶段。我国刚加入WTO的时候，开始学习、熟悉国际经济贸易规则，学会了之后，逐渐参与到国际贸易中去。慢慢熟悉、适应这个规则之后，现在需要主动参与或主导一些国际规则的制定，让国内的制度与国际规则更好地对接融合。在这方面我国也做了很多工作，包括贸易投资便利化、优化营商环境、加强知识产权保护，以及自由贸易区、自由贸易港的建设，还有RCEP（区域全面经济伙伴关系协定）等，这些都是我国在推进更深层次开放方面的探索举措。通过这些先行先试来推进构建更高水平的开放型经济新体制。

三、高水平对外开放的任务

一是进一步提升对外开放战略格局。一方面，以自贸港和自贸区建设为抓手，主动适应国际经贸规则重构新趋势，充分学习借鉴国际上的先进经营方式、管理方法和制度安排，从而形成具有国际竞争力的开放政策和制度，加快建立开放型经济新体制，增强区域辐射带动能力。另一方面，通过加强内陆沿边地区口岸和基础设施建设，开辟跨境多式联运交通走廊，发展外向型产业集群，形成各有侧重的对外开放基地，提高边境经济合作区、跨境经济合作区发展水平，力争形成全方位、多层次的立体开放格局。

二是加快对外贸易的转型升级。一方面，传统行业要巩固已经在全球价值链中确立的优势地位，进一步提高产品竞争力，巩固出口市场份额，并进一步开拓市场。另一方面，新兴行业要加强研发投入、创新发展模式、加强营销和售后服务网络建设，在激烈的国际竞争中不断壮大发展。

三是在投资领域实现“引进来”与“走出去”的协同发展。一方面，通过扩大开放领域，放宽准入限制，积极有效地引进境外资金和先进技术。另一方面，支持国内有实力的企业扩大对外投资，推动我国的技术、标准和服务走出去，从而深度融入全球产业链和价值链，培育出一批实力强大的跨国企业，力争以海外直接投资促进“中国制造”享誉全球。

四是重视研发、推动创新。解决外贸领域核心中间产品受制于人的问题，不仅涉及对外开放领域本身，还涉及全社会的自主研发能力。提升研发能力的主要目标是增强中国经济增长的内生动力，防范西方发达国家的技术封锁。当前，制约中国经济发展的最大问题是缺乏核心技术，因此中国各界未来要重视基础科学，加大研发投入，争取产出原创性领先技术。

五是为贸易伙伴提供更广阔的市场机会。随着我国在世界经济中的地位持续上升，同世界经济的联系会更加紧密，我国需要秉承“百花齐放”的指导思想，进一步提升开放水平，为其他国家提供更为广阔的市场机会，成为吸引国际商品和要素资源的巨大引力场，为世界经济发展提供“中国担当”。

第十章　国家电网公司的新定位

战略是关系全局和根本的重大问题。2014 年 8 月 20 日，习近平总书记在纪念邓小平同志诞辰 110 周年座谈会上深刻指出：“战略问题是一个政党、一个国家的根本性问题。战略上判断得准确，战略上谋划得科学，战略上赢得主动，党和人民事业就大有希望。”国家电网公司作为关系国民经济命脉和国家能源安全的特大型国有重点骨干企业，是党和国家事业发展的重要组成部分，必须坚持战略制胜，强化战略引领。2020 年，国家电网公司提出了建设“具有中国特色国际领先的能源互联网企业”战略目标，以及“国民经济保障者，能源革命践行者，美好生活服务者”的战略定位，内涵丰富，催人奋进。在此，笔者从国家电网公司战略定位的角度，谈一谈对于国家电网公司服务新发展格局的认识和理解。

第一节　做国民经济的保障者

如今，1 千瓦时电能做什么？1 千瓦时电，能使电动汽车行驶约 10 千米，使电风扇运行约 15 小时，使笔记本电脑工作约 10 小时，可以采煤约 27 千克，可以织布约 10 米，可以生产啤酒约 15 瓶，创造产值约 10 元……我国人民安康，无不依赖于电。一旦停电，城市功能几乎完全丧失，后果令人触目惊心。

能源是国民经济和社会发展的重要基础。电，一头连着百姓一家一户的光明，一头连着能源安全的国家大局。电力作为经济发展的能源血脉，在国内大循环体系中具有很强的带动力，带动上下游企业共享发展，让电网投资撬动效应全面发挥。电网基础设施投资有利于拉动实体领域的持续稳定高质量投资，维护制造业竞争优势，夯实国民经济稳定发展根基。

国家电网公司作为央企，关系国家安全和国民经济命脉，是我国国有经济的主体和国民经济的中坚力量，肩负着发展壮大国有经济的重任。要把确保电网安全运行和可靠供电作为重中之重，大力实施电网建设提升工程，服务经济社会发展，发挥基础保障作用，畅通国内大循环，为经济发展积蓄基本力量。

2020 年 6 月，国家电网公司发布了“数字新基建”十大重点建设任务，包括电网数字化平台、能源大数据中心、电力大数据应用、5G 应用、工业物联网、电力北斗应用等。这几大任务里有些已经取得了阶段成效。以电力北斗应用为例，北斗卫星导航系统是我国自行研制的全球卫星导航定位系统，在电力行业有着重要的应用价值，可为智能电网、电力物联网、能源互联网的建设提供导航定位、精准授时、短报文通信等服务，是我国能源战略发展的有效支撑手段。2020 年 11 月，雄安新区 18 座变电站、354 条配网线路、600 余组故障指示器全部实现了北斗技术应用。它不仅实现了电网导航授时领域区域性的自主可控，也是基于北斗等新型数字基础设施建设应用的转型实践。随着我国 5G 技术的发展，未来“北斗 +5G”的联合应用，能够实现电力调度的实时可控、支撑电力实时上网交易，能够为电网各类物联终端提供精准的时空属性，推动设备管理的互联互通和智能化，是推动电力物联网终端联网建设的基础支撑和重要组成部分。

2019 年 4 月，2019 北京世园会、第二届“一带一路”高峰论坛分别在北京开幕，公司超前谋划、精心组织，确保重大活动保电万无一失；7 月 22 日、23 日，全国发电量两创历史新高，最高达 229. 54

亿千瓦时，较 2018 年夏季最高值增长 3.76 亿千瓦时；8 月 10 日，第 9 号台风“利奇马”在浙江温岭登陆，浙江、福建、上海、江苏、安徽等地电网共有 72 座 35 千伏以上变电站、4823 条 10 千伏及以上线路受损或故障，共有 12.67 万个台区 722.23 万户停电，电网员工与时间赛跑，在最短时间内恢复供电……

电力还可以带动电力设备制造企业恢复生产，推动电力产业链条有序转动，在国内大循环中对稳定社会预期、提振发展信心起到了重要作用。以变压器为例，一台变压器的生产能够带动上下游近千家企业复工。2020 年疫情防控期间，山东电工电气仅在角钢、电磁线等大宗原材料和变压器、铁塔等成品的运输方面，就带动 781 家供应商复工复产，实现产值 61 亿元。

再如特高压，特高压作为目前世界上最先进的输电技术，涉及产业链长，且环环相扣。不仅能推动能源生产、消费革命，还能拉动相关企业企稳增收。数据显示，2020 年 2 月开工的陕北—湖北 ±800 千伏特高压直流工程，直接带动设备生产规模约 120 亿元，增加就业岗位超过 4 万个，带动电源等相关产业投资超过 700 亿元，对于提振湖北经济社会发展信心有着重要意义。

投资、消费、出口是拉动经济增长的“三驾马车”。相关研究显示，每 1 元基础设施投资，就可拉动 3—4 元其他产业投资需求。而电网是关系民生的核心基础设施，具有产业链长、带动力强的特点，是基建投资的重要领域。2020 年，国家电网公司总体投资约 247 亿元，拉动社会投资约 1000 亿元。未来“十四五”时期，电网及相关产业投资预计会超过 6 万亿元。

经济社会发展需要能源行业的积极作为，全面建成小康社会目标的实现离不开电力工业的强劲支撑。面对重大活动保电，自然灾害、高温高负荷等多重考验，电网保持了安全稳定运行。这背后，是一次次能力的检验、一场场人与自然的搏斗。电网员工与时间赛跑，始终坚守在最关键的岗位，承担着最繁重的任务，经受住了严峻的自然灾害考验，在最短的时间内恢复供电。迅速立起的座座杆塔、飞跨群山的根根银线、重新点亮的盏盏明灯，诠释着以人民为中心的深刻内涵。党的十八大以来，国家电网公司应急保障体系日益完善，集团化作战能力不断增强，科技装备水平稳步提升，逐步成为国家应急救援的中坚力量，成为老百姓在危难时刻的坚强依靠。

第二节　做美好生活的服务者

人民对美好生活的向往，就是我们的奋斗目标。要坚持以人民为中心的发展思想，秉持全心全意为人民服务的根本宗旨，始终把人民放在心中最高位置，让发展成果惠及全体人民。

电力事业是党的事业的重要组成部分，与经济社会发展、人民生产生活息息相关。作为关系国民经济命脉和国家能源安全的国有重点骨干企业，国家电网公司紧紧围绕满足人民美好生活的需要，在推进乡村振兴、提升客户体验、保障电力供应等方面，始终用一流服务当好经济社会发展的“先行官”，架起党联系群众的“连心桥”。

党的十八大以来，党中央把脱贫攻坚摆在治国理政的突出位置，习近平总书记亲自谋划、亲自挂帅、亲自督战，作出一系列重大部署和安排，全面打响脱贫攻坚战，历史性地解决了困扰中华民族千年的绝对贫困问题，赢得了国际社会的广泛赞誉，为全球减贫事业做出了重要贡献、提供了中国方案。中央企业是国有经济的主力军，承担着经济发展与社会公益双重重要职责，是我国脱贫攻坚战场上的一支重要力量。国家电网公司全面落实党中央、国务院决策部署，全力推进行业扶贫、定点扶贫和全系统扶贫，履职尽责，担当作为，取得了显著的成绩，得到了中央领导同志、地方党委政府和社会各界的高度评价。

2021 年 2 月 22 日，国家电网公司党组召开会议，传达学习贯彻

2021年“中央一号文件”精神。会议强调，要以习近平新时代中国特色社会主义思想为指导，准确把握新发展阶段，深入贯彻新发展理念，加快构建新发展格局，为全面推进乡村振兴、加快农业农村现代化贡献国网力量。

民族要复兴，乡村必振兴。国家电网公司作为党和人民依靠信赖的“大国重器”和“顶梁柱”，未来要继续站在践行初心使命的政治高度，把全面推进乡村振兴作为一项重大任务，乘势而上，开拓奋进，助力实现农业农村现代化。在国家电网公司服务脱贫攻坚总结表彰大会上，辛保安董事长对全面推进乡村振兴、巩固拓展脱贫攻坚成果提出了明确要求：

“要进一步下足绣花功，全力巩固拓展脱贫攻坚成果。做好脱贫地区电网运行维护，持续提升供电保障能力。抓好光伏扶贫后续服务，推动构建‘地方政府主导、专业机构参与’的电站运维管理长效模式。巩固定点扶贫和驻村帮扶成果，按照‘四个不摘’工作要求，保持帮扶总体措施稳定。

“要进一步做好先行官，全力支持乡村振兴和西部资源优势转化。以实施乡村振兴规划为引领，科学规划建设农村电网。大力实施农村电网巩固提升工程，提高电网自动化、智能化水平，实现农村从‘用上电’向‘用好电’转变。加快电力外送通道建设，持续推动西部地区资源优势转化为经济优势。

“要进一步架好连心桥，全力提升农村地区电力普遍服务水平。持续优化电力营商环境，推广‘阳光业扩’，拓展‘网上国网’应用。深化‘三零’‘三省’办电服务，降低农村地区用能成本。严格执行国家电价政策和收费制度，推动政策红利精准传导至终端客户。加强乡镇供电所建设，稳步提升服务水平。

“要进一步聚焦电气化，全力推动农村清洁低碳用能。积极推进乡村清洁能源建设工程，支持农村地区分布式光伏、分散式风电、生物质发电等新能源发展。深入开展‘供电+能效服务’，在现代农业园区等大力推广电能替代。推进车联网平台向农村地区延伸，加快农村充电设施建设。”

如今，电在农村生产、生活各领域得到广泛应用，有效促进了农业农村现代化和农村能源消费升级，助力美丽乡村建设。

进入新时代，人民对美好生活的向往更加强烈，期盼有更好的教育、更稳定的工作、更可靠的社会保障、更舒适的居住条件、更优美的环境……

在对幸福生活的追求中，“用好电”也是美好生活的重要体现。人们对供电服务的期待越来越高，希望能够享有更快速的服务响应、更便捷的服务体验、更高标准的供电质量……基于此，持续提升客户体验，让电力发展成果惠及全体人民，以优质高效的服务满足经济社会发展和人民美好生活用能需要成为公司的根本任务。

近年来，国家电网公司深化供电服务与“互联网 +”融合，拓展服务渠道，推广“网上国网”APP 等，加快线下服务向互联网线上服务模式转变，因地制宜地全面推广小微企业接电“三省”“三零”服务，确保办电环节、平均接电时间兑现服务承诺，降低客户平均办电成本，优化营商环境，持续提升客户需求响应速度和优质服务水平。从居民和企业用电业务办理“最多跑一次”，到越来越多的客户足不出户就能通过手机 APP 交电费；从电动汽车用户只要打开手机就能搜索到最近的充电桩，行驶在高速公路上不再有“里程焦虑”，到贫困村村民在手机上通过“光 e 宝”APP 实时查看光伏扶贫电站的收益，电力服务让客户拥有满满的便利度和获得感。

根据世界银行发布的全球营商环境报告，2018 年我国的排名由 2017 年的第 78 位跃升至第 46 位，其中“获得电力”指数全球排名第 14 位，对提升我国营商环境起到了重要作用。

更加优质、智慧的电力服务在不断延伸。客户家中新风系统能根据需要自动启动或关闭；电力企业利用大数据判断居民生活规律是否发生变化等情况，为社区更好地服务居民生活提供依据；商业楼宇、企业园区等源网荷储协同服务各项试验示范落地，客户可以享受到更高效的用能服务……

对幸福生活的追求是推动人类文明进步最持久的力量。从提高全社会普遍服务水平到强化客户用电服务，再到聚焦能源服务新业态，满足客户多样化用能需求，下一步要继续树立以客户为中心的服务理念，以更加清洁、智能、高效的用电服务，点亮人们的美好生活。

第三节　做能源革命的践行者

当张北的风电点亮北京的灯，青海的光伏电能送入中原大地，不知不觉中，清洁电力已经融入人们的日常生活：四川的招牌火锅用上了电锅子，长江两岸港口船舶靠岸不见了油烟味儿，城市穿行着一辆辆新能源汽车，江南的“全电景区”让古老村落焕发生机……能源变革的脉搏正在跳动，用电的变迁折射出建设美丽中国的时代印象。

“绿水青山就是金山银山”，已成为全社会的共识。2014 年，中央财经领导小组第六次会议明确提出了“四个革命、一个合作”能源安全新战略，为我国推进能源革命指明了方向。聚焦能源绿色低碳转型，我国能源发展在深化供给侧结构性改革上持续用力。作为关系国民经济命脉和国家能源安全的国有重点骨干企业，在能源转型的进程中，国家电网公司坚决落实“四个革命、一个合作”能源安全新战略，坚定不移地走中国特色的电网发展道路，推动构建清洁低碳、安全高效的能源体系，打造能源配置绿色平台，推动电力系统、产业乃至全社会节能减排，着力解决我国能源发展问题。多年来，从建设坚强智能电网到推动电网向能源互联网转型，从推动“两个替代”到加快再电气化进程，路径持续优化，但绿色发展的核心理念始终未变。国家电网公司顺应形势变化奋勇前行，扛起使命担当接续奋进，走出了一条电网发展与生态文明相得益彰的和谐之路、创新之路，为美好生活充电，为美丽中国赋能。回看电网近年来的绿色变化，既真实可感，又影响深远。

大电网纵横神州，输送清洁电力的“高速公路”更完善。2020年6月29日，张北可再生能源柔性直流电网试验示范工程投运。北京2022年冬奥会将用上100%绿电，新能源大规模开发利用也有了“中国方案”。自2009年1月建成首条特高压工程，如今国家电网公司已累计建成“十一交十一直”特高压输电工程。锦苏、复奉、宾金“三大直流”，酒泉—湖南、扎鲁特—青州、青海—河南等清洁能源富集地区的电力外送工程，打通了生态优势与经济优势的转换通道，成为大气污染防治的“利剑”，多项技术创新也为特高压输电写下中国创造、领先世界的注脚。同时，公司加快抽水蓄能电站建设，天荒坪、蒲石河等一批工程，成为消纳清洁能源、保障电力系统安全的重要支撑。

能源供给方式向多元化发展，绿色电能用途更广。在古老神奇的青海，清洁能源被赋予更多意义。2020年8月16日，国家电网公司实现连续100天对“三江源”地区16个县和1个镇全部使用清洁能源供电。视角转向东南沿海的小岛——江苏开山岛。2019年6月投运的离网型海岛智能微电网系统及海水淡化系统，解决了开山岛爱国主义教育基地和守岛人员的用电、用水问题。红色岛，用上了绿色电。

科技创新持续升级，新能源消纳并网“利器”更强。国家电网公司勇攀科技高峰，着力攻克千万千瓦级风光电集群控制关键技术等一批新能源消纳“卡脖子”技术，推动储能、电网实时调度、虚拟同步机等关键技术攻关和应用，增强电网对新能源大规模接入的适应能力。强化新能源全网统一调度，提升大电网平衡调节能力。研发新能源云平台，接入新能源电站157万座，服务各类企业8000余家，交易规模超千亿元，为新能源产业发展注入了数字动能。

市场化手段不断丰富，新能源消纳利用方式更活。改革开放后，我国可再生能源发电从无到有、从少到多，近年来更是实现跨越式增长。2010 年，我国风电装机超过美国，居世界第一。2015 年，光伏发电装机超过德国，居世界第一。可再生能源在能源结构中的占比不断提升，可再生能源发电装机容量在 2019 年年底已经占全部发电装机的 39.5%。2020 年上半年，国家电网公司经营区域新能源利用率达到 96.9%，其中通过跨区富余新能源现货交易提升 1.1 个百分点。目前，国家电网公司已建成国家级北京电力交易平台和 27 个省级电力交易平台，中长期市场化交易、现货及辅助服务市场建设为新能源大范围消纳提供了技术支撑。

抓住机遇，放眼长远，务实行动。守护绿水青山，国家电网公司正沿着绿色发展之路巩固优势、开拓新局。在未来，在更广的领域、更深的层次、更大的范围，国家电网公司将深入贯彻落实“四个革命、一个合作”能源安全新战略，以建设具有中国特色国际领先的能源互联网企业为目标，加快步伐，凝聚力量，打造绿色、智慧、安全的现代化电网，为经济发展注入更强劲的动能。

本篇结束语

笔者以新发展格局为研究学习方向，认真研读了多本关于“十四五”规划、新发展格局等方面的书籍、文章，并结合培训所学，对世界经济变化和中国经济发展方向有了更清晰的认识，对国家电网公司的决策部署也有更深刻的理解。未来，笔者将继续保持学习热情，持续关注中国宏观经济形势变化，坚持学用结合，力争将所学知识转化为指导工作的具体实践。

本篇参考文献

[1] 韩文秀．建设更高水平开放型经济新体制［J］．宏观经济管理，2019(12)．

[2] 王孝松．“两个大局”下的更高水平对外开放［J］．人民论坛，2021(2)．

[3] 袁国宝．构建以国内大循环为主体，国内国际双循环相互促进的新发展格局［M］．北京：中国经济出版社．

[4] 黄奇帆．“双循环”格局下需尽快打通全流程创新链条［DB/OL］．中国新闻网，2020-09-25．

[5] 王昌林．新发展格局——国内大循环为主体　国内国际双循环相互促进［M］．北京：中信出版集团．

[6] 刘玲玲．区域经济与协调发展［DB/OL］．宣讲家网，2019-12-5．

[7] 李伟锋，吴珊．为人民美好生活供好电、服好务［J/OL］．湖南日报（多媒体数字版），2019-11-19．

[8] 黄庆．关于完善对外开放战略布局的认识和思考［J］．当代中国史研究，2016（1）．

[9] 黄汉权．加快构建双循环相互促进的新发展格局［N］．经济日报，2020-7-15．

[10] 温美荣．加快构建完整的内需体系［N］．学习时报，2020-7-22．

[11] 褚峥．多措并举畅通国内大循环［N］．中国建材报，2020-7-20．

宏观经济形势与国家电网公司发展战略

Passage 4

第四篇　供给侧结构性改革与国家电网公司的能源转型发展

本篇内容提要

当前，恰逢百年未有之大变局，经济转型发展、社会转型发展、世界格局新变化、新冠病毒持续威胁全人类健康等问题交相叠加，无不考验着中国处理复杂问题的智慧和勇气。供给侧结构性改革的重要性和紧迫性空前凸显，但却不被大多数人熟知和理解，影响了贯彻落实速度与成效，甚至影响了改革推进的决心和效果。为此，在十九届五中全会召开之后，尤其是在“十四五”规划制定之时、实施之初，专题介绍供给侧结构性改革是必要的、有意义的。

大家知道，我们不得不面对这样的事实：经过改革开放40年的高速发展，中国经济增速开始放缓；放缓的主要原因不是暂时性或周期性的，而是结构性、复合型的；中国经济发展、社会发展的主要矛盾根源已由需求侧转向供给侧。而在改革开放步入深水区的今天，同时要面对体制性、结构性、供给侧问题，不可能再像过去那样通过短期政策调整就能解决。

所以，读完本部分，读者将意识到：供给侧结构性改革，作为国家重大方针政策，是以习近平同志为核心的党中央在针对中国社会发展阶段性问题和中国经济发展阶段性问题开出的一剂济世良方，是迈入新时代、适应新常态的一项重大创新，是经济社会发展由小康迈向现代化、向高质量转型发展的必经之路。

本部分内容紧密结合习近平总书记讲话精神和中央经济工作会议精神，从为什么、是什么、怎么做、国家电网公司如何深化落实，这四个角度深入分析中国实施供给侧结构性改革的逻辑思路和推进路径，深度思考国家电网公司作为责任央企在降电价、新基建、互联网经济、综合能源、能源互联网、碳达峰与碳中和等方面的责任担当，有助于社会读者和国家电网公司员工及时、准确、全面、深入学习和理解党中央反复强调的“以供给侧结构性改革为主线”“深化供给侧结构性改革”的深刻内涵与深远意义，全力做好本行业、本公司、本部门、本岗位相关工作。

在此强调一下，为使读者学习起来不生涩，引起读者兴趣，本篇内容采用偏口语化的形式写作。

2020年10月26日至29日，中共中央召开了十九届五中全会。会上审议通过了《中共中央关于制定国民经济和社会发展第十四个五年规划和二〇三五年远景目标的建议》，并明确提出了“十四五”时期经济社会发展的指导思想和遵循原则。通过认真学习，笔者深刻感受到指导思想和必须遵循原则的核心内容是：坚持党的全面领导，以高质量发展为主题，以供给侧结构性改革为主线，以改革创新为根本动力，以满足人民日益增长的美好生活需要为根本目的，在经济发展新常态下，坚持新发展理念，构建新发展格局，以人民为中心，在“十四五”这个开启第二个100年的新发展阶段，坚持系统观念，统筹发展，加快推动国家治理体系和治理能力现代化，建设社会主义现代化国家，实现高质量发展，实现中国人民大众过上高品质生活的美好愿望。

指导思想和遵循原则的全文内容很长，在此不做赘述，我们主要来探讨学习体会。这里，必须要提到习近平新时代中国特色社会主义经济思想。学习过习近平新时代中国特色社会主义经济思想的同志都会意识到，这段话体现的是习近平新时代中国特色社会主义经济思想中“七个坚持”的中心内容，凸显了习近平新时代中国特色社会主义经济思想的三个突出特征，即鲜明的政治性、突出的实践性、深刻的学理性。

2020年12月18日至20日召开的中央经济工作会议指出：五年来，我们坚持观大势、谋全局、干实事，成功驾驭了我国经济发展大局，在实践中形成了以新发展理念为主要内容的习近平新时代中国特色社会主义经济思想。至此，“习近平新时代中国特色社会主义经济思想”首次明确，并提出“七个坚持”。在此，简单列出习近平新时代中国特色社会主义经济思想中的“七个坚持”，不深入论述。

1. 坚持加强党对经济工作的集中统一领导，保证我国经济沿着正确方向发展；

2. 坚持以人民为中心的发展思想，贯穿到统筹推进“五位一体”总体布局和协调推进“四个全面”战略布局之中；

3. 坚持适应把握引领经济发展新常态，立足大局，把握规律；

4. 坚持使市场在资源配置中起决定性作用，更好发挥政府作用，坚决扫除经济发展的体制机制障碍；

5. 坚持适应我国经济发展主要矛盾变化，完善宏观调控，相机抉择，开准药方，把推进供给侧结构性改革作为经济工作的主线；

6. 坚持问题导向，部署经济发展新战略，对我国经济社会发展变革产生深远影响；

7. 坚持正确工作策略和方法，稳中求进，保持战略定力、坚持底线思维，一步一个脚印向前迈进。

前面的《序》与《前言》中都提到了编者们参加了习近平新时代中国特色社会主义思想理论讲师培训班。在两个多月的培训学习过程中，最深刻的感受是以习近平同志为核心的党中央制定的每一项方针政策对各行各业都给出了推动工作的通用标准方案，而且逻辑严谨、前后贯通，务实科学、指导性强。

在上述指导思想与遵循原则中提到的经济发展理念新词语有经济发展新常态、供给侧结构性改革、高质量发展、新发展阶段、新发展理念、新发展格局，这6个关键词明确回答了当前我国经济形势怎么看、经济工作怎么干的问题。

在两个多月的习近平新时代中国特色社会主义思想理论讲师培训班的学习过程中有一个深深的感悟：习近平新时代中国特色社会主义经济思想从侧面反映了总书记对经济学学理的掌握和运用功底，这来自他对经济学论著的苦读。总书记不但饱读《资本论》等马克思主义政治经济学书籍，还阅读过大量西方经济学著作，对经济学特别是对马克思主义政治经济学论著的熟读及相关知识原理的深刻掌握，加上他丰富的执政阅历、实践经验和对人民深厚的情怀，为创新中国特色社会主义政治经济学奠定了坚实的学理支撑。

本部分内容涉及习近平新时代中国特色社会主义经济思想中的经济发展新常态与供给侧结构性改革，重点介绍供给侧结构性改革。

为保证读者读书目标的实现，本篇设置了四部分内容：第一部分，为何提出供给侧结构性改革；第二部分，什么是供给侧结构性改革；第三部分，怎样实施供给侧结构性改革；第四部分，国家电网公司如何有效贯彻落实供给侧结构性改革。其中第一部分是本篇的重点，第一部分中的第三节内容是本篇的难点；第二部分也是本篇的难点，主要是给出知识型理论概念，带领读者学习一些经济学理论。纵观本篇整体，就是讲为什么、是什么、做什么、怎么做。之所以把第一部分和第二部分列为重点和难点，是因为成人学习有个特点：只要讲清楚形势，让读者知道了为什么、是什么以后，读者自己就基本知道该做什么、怎样做才能做得更好。

第十一章　为何提出供给侧结构性改革

为什么提出供给侧结构性改革？本章将分别从宏观、中观和微观三个层面来写，同时也是按照时间、空间、现实三个维度来分析为什么必须进行供给侧结构性改革。

第一节　从宏观层面看，中国经济发展进入新常态

从宏观层面看，也就是从时间维度看，读者要知道，中国经济发展进入了新常态。

供给侧结构性改革是2015年11月提出的，读者需要回忆一下那时候我国的经济发展情况。

2015年以来，我国经济发展出现了一系列问题：主要经济指标之间的联动性出现背离，经济增长持续下行而CPI[①]持续低位运行，居民收入有所增加而企业利润率下降，消费上升而投资下降，向外消费猛烈上涨而国内消费不强……对照经典经济学理论，我国出现的这种情况既不是传统意义上的滞胀，也不是标准形态的通缩。

① CPI是指消费者物价指数，是反映与居民生活有关的物价变动指数，通常作为观察通货膨胀水平的重要指标。

与此同时，宏观调控层面货币政策持续加大力度却效果不显，国家投资拉动可是上急而下徐；传统实体经济显露出疲惫不堪态势，而以“互联网+”为依托的新经济却生机勃勃；东北经济危机加重，而一些原来缺乏优势的西部省区却异军突起。几家欢乐几家愁！

当时国外政治家，国内外的企业界、学术界，还有我们自己议论纷纷：中国经济到底是怎么了？

其实，这是因为中国经济发展进入了新常态。要从宏观层面讲清楚为什么进行供给侧结构性改革，必须要讲一讲它所处的经济发展新常态这个大形势，也就要讲一讲为何要提出新常态、什么是新常态、新常态下中国经济发展该怎么办。

一、为什么提出新常态

经过长期的快速发展，我们已经习惯于GDP的高速增长，面对上面的情景会不自觉回忆起40年来中国经济的辉煌。

1. 从经济总量方面来看中国经济发展

自1978年改革开放以来，经济发展取得了巨大的成绩，经济总量达到了超高水平。期间，尽管遇到各种困难，需要我们摸着石头过河探索出新的路径，但我们创造了第二次世界大战结束后一个国家经济高速增长持续时间最长的奇迹。我国经济总量在世界的排名一路攀升：2005年超过法国，居第五；2006年超过英国，居第四；2007年超过德国，居第三；2009年超过日本，居第二。2010年，我国制造业规模超过美国，居第一，当然经济总量还是美国居第一，我们是它的60%多（到2019年达到美国的70%）。经济总量排名领先，意味着中国强起来了！

2. 从个人收入方面来看中国经济发展

到2015年，经过37年的高速增长，中国人均GDP达到4.9万元人民币，人均GDP年均增速7.6%，这是很了不起的成绩！为什么说了不起呢？因为这个时期，中国人口总量增长了41%，而人均GDP还能达到年平均7.6%的增速，这是很难做到的事情，但中国做到了。按人均GDP 4.9万元人民币来算，大概比改革开放初期的水平提高了20倍，折算成美元，我们达到了人均GDP 7600多美元，在世界上属于上中等收入的水平。而在改革开放初期，我们人均GDP只有200美元，不能解决自身温饱问题。我们哪一年才解决了温饱问题呢？根据世界银行划分的标准：1998年，中国第一次达到世界划定的温饱线；到2010年，中国人均GDP折算成美元，第一次达到世界划定的上中等收入阶段，我们终于挤进中等收入国家行列。跨入中等收入国家行列，意味着中国人民富起来了！

尽管我们错过了世界第一次工业革命和第二次工业革命的黄金发展期，但我们用几十年时间走完了发达国家几百年走过的发展历程，创造了第二次世界大战后一个国家经济高速增长持续时间最长的纪录，是世界发展史上的一个奇迹！

但是，经过超长期的高速增长，随着人口红利衰减、“中等收入陷阱”的风险累积、国际经济格局调整等一系列内因与外因的作用，经济发展进入了“新常态”。这就如同一个人，10—18岁个子猛长，18岁之后长个儿的速度就会慢下来了，如果青年还在猛长个子那就不正常了，骨骼会受不了的。所以说，中国经济发展进入新常态，符合经济发展规律。

下面讲一讲经济发展新常态是怎么提出来的。

二、什么叫作新常态

1. 在河南考察时首次提出“新常态”这一词语

早在供给侧结构性改革提出1年半之前的2014年5月，中共中央总书记习近平在河南考察时说，中国发展仍处于重要战略机遇期，要增强信心，从当前中国经济发展的阶段性特征出发，适应新常态，保持战略上的平常心态。

这是中央领导人首次以“新常态”描述中国经济。

2个月后的2014年7月，中共中央召开党外人士座谈会，习近平总书记与党外人士座谈，谈到要把思想和行动统一到中共中央决策部署上来，正确认识我国经济发展的阶段性特征，进一步增强信心，适应新常态，共同推动经济持续健康发展。

2. 在APEC峰会上首次全面阐述新常态

在把“新常态”作为执政新理念关键词提出6个月后，在2014年11月的亚太经合组织（APEC）工商领导人峰会上，习近平总书记首次在向包括130多家跨国公司领导人在内的世界工商领袖们作的题为《谋求持久发展，共筑亚太梦想》的主旨演讲中，系统阐述了“新常态”：新常态的特征、新常态下中国经济发展状态、新常态带来的新机遇、怎么适应新常态等关键内容。

此次峰会上，他阐述，中国经济呈现出新常态，有几个主要特点：一是从高速增长转为中高速增长；二是经济结构不断优化升级，第三产业、消费需求逐步成为主体，城乡区域差距逐步缩小，居民收入占比上升，发展成果惠及更广大民众；三是从要素驱动、投资驱动转向创新驱动。新常态将给中国带来新的发展机遇。他强调，我们也清醒地认识到，新常态也伴随着新矛盾、新问题，一些潜在风险渐渐浮出水面。能不能适应新常态，关键在于全面深化改革的力度。

1个月后，2014年12月5日的中央政治局公报上又着重提了新常态，要求保持战略清醒，解决新问题，迎接新挑战。

所以，我们熟知的三大攻坚战之首是防范重大风险攻坚战。因为随着经济总量不断增大，我们在拐点期遇到了带有一定高度、深度、难度、风险度的新矛盾、新问题、新挑战。其实，中国发展呈现出新常态，不只是经济方面的，中国政治也呈现出新常态、新风貌。

3. 正确认识新常态

进入新常态，是经济发展的必然规律，要正确认知新常态：

新常态=新+常态

从字面上来看，“新”就是区别于旧的，是跟以往不同的。“常态”就是固定共有的状态或者是稳定的状态。“新”“常态”这两个词语合起来就是区别于以往的，而又是相对稳定的状态。我们这个新常态是一种客观状态，也就是中国的经济一路高速走来，走到现阶段必然要出现的，带有一种内在的必然性，是经济发展的规律决定的。这是符合马克思主义基本原理的。

4. 新常态的特征

新常态有三个特征（见图11－1）。

一是速度新。GDP增长速度从高速转向中高速，经济增速放缓。经济增速虽然放缓，实际增量依然可观。正如习近平总书记在2014年11月的亚太经合组织（APEC）工商领导人峰会上所讲：即使是7%左右的增长，无论是速度还是体量，我们在全球排名也是名列前茅的。

二是结构新。经济发展方式要从规模速度型转向质量效率型。为了高质量发展，经济结构调整要从增量扩能为主转向调整存量、做优增量并举。

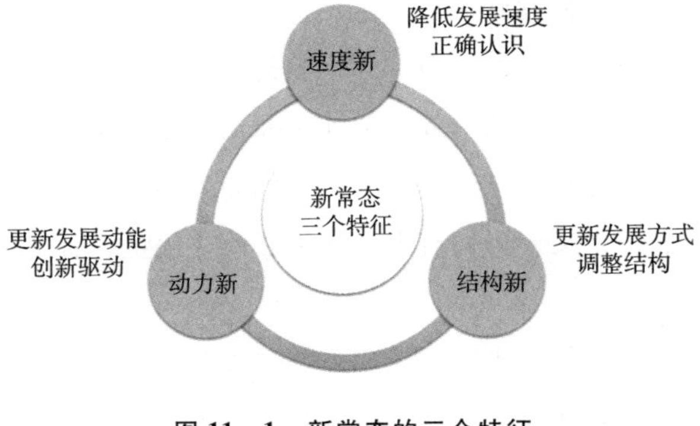

图11－1　新常态的三个特征

三是动力新。发展动力要从主要依靠资源和低成本劳动力等要素投入转向创新驱动。发展动力主要靠技术创新，所以十九届五中全会要求“十四五”规划中要把科技创新提升到国家战略层面，提升到科技强国的高度。

三、新常态下该怎么办

为什么要着重讲新常态呢？

因为正是中国经济发展进入新常态，才提出了适应新常态、具有中国特色的经济发展方针政策——供给侧结构性改革。

新常态会持续多久呢？

也许15年、20年、30年，现在说不出具体年限，但肯定不会是短期，所以党中央强调要“以供给侧结构性改革为主线”，要“深化供给侧结构性改革”。

新常态下，中国经济该怎么办？

要主动引领而非被动适应经济发展新常态，向高质量经济发展进军。要坚持新发展理念，各行各业都要向高质量转型发展。要坚持改革，坚持创新，以深化改革和创新驱动发展来确保经济稳定增长。

2015年3月举办的博鳌亚洲论坛年会上，习近平总书记提到，中国经济体量大、韧性好、潜力足、回旋空间大、政策工具多。中国将主动适应和引领经济发展新常态，坚持以提高经济发展质量和效益为中心，把转方式、调结构放到更加重要的位置，更加扎实地推进经济发展，更加坚定地深化改革开放，更加充分地激发创造活力，更加有效地维护公平正义，更加有力地保障和改善民生，促进经济社会平稳健康发展。

强调“主动”而不是“被动”，强调要“适应和引领”，这足以看出中央对新常态环境下的经济发展高度重视。新常态背景下，只有主动出击，才有机会将稳增长的主动权把握在自己手中；只有主动，才能围绕转变经济发展方式，实现并促进经济增长，在消费端依靠消费、投资、出口协调拉动转变，在生产端实现科技进步、劳动者素质提高、管理创新转变，才能在“十大领域”中取得真正的突破。突破就需要改革，从国有企业改革、财税体制改革、行政体制改革，如简政放权和放管服、涉外经济改革等推进的情况可以看出，深化改革和创新驱动发展战略对冲了一部分经济下行的压力。

随着改革不断深化，经济结构不断优化，我国就业压力也出现了缓解的趋势，无论是对农业、生态文明、民生、扶贫都能起到积极作用，这将有助于实现社会的和谐稳定，同时提升我国市场化程度，令新兴民营产业获得更好的发展，赢得更多的财富，做到真正的藏富于民。

第二节　从中观层面看，全球贸易发展进入低迷期

从中观层面看，也就是从空间维度看，我们要知道现阶段全球贸易发展进入低迷期。

一、改革开放初期，我们抓住了外贸机遇期

过去，在对外贸易方面，我们遇到了一个重大机遇期。

1978 年改革开放以来，我们大踏步发展的一个重要特点就是对国际市场的充分有效利用。建立在劳动力密集、成本低廉优势和发达国家劳动密集型产业要向外转移的机遇基础上，我们开展了大规模出口和外向型投资，这成为我国经济高速增长的重要推动力。1979—2012 年，我国货物出口保持在 20% 左右的年均增长率，这得益于西方国家黄金增长期释放出来的大量有效需求。

第二次世界大战后，德国、日本都经历了出口快速增长期，成为世界贸易大国。按照经济学原理，结合他们的实践看，当货物出口占

世界总额的比重达到10%左右，就会出现拐点。而我国货物出口占世界总额的比重为2010年超过10%；2014年达到12.3%，居世界第一。这意味着我国出口增速拐点已经到来。想要继续维持对外贸易出口增长或者说想要继续扩大开展对外贸易，就要求我们必须把经济增长动力更多地放在创新驱动和新型国际经济合作方面，例如，沿着“一带一路”开拓国际市场，发挥国际领先的特高压技术开展输电工程建设，利用高铁技术开展高铁工程建设。

那么，目前阶段，中国的国际贸易情况又如何呢？

二、目前阶段，我们遇到了外贸低迷期

2008年国际金融危机爆发，西方国家经济进入深度调整期：一是他们的有效需求下降；二是他们再工业化、产业回流本土的进口替代效应增强，我国出口需求增速放缓；三是反倾销、反补贴、市场准入环节技术性贸易壁垒、劳工标准、绿色壁垒等方面的要求越来越高，由出口税、出口配额等出口管制手段引发的贸易摩擦越来越多，我们连续9年成为世界上受到反倾销、反补贴调查最多的国家，虽然很多时候我们的企业在内部管理和对外贸易方面确实存在一些问题，例如劳动用工却不给员工缴纳应该缴纳的包括养老保险在内的各类保险；四是随着中国富起来并开始重视生态环境治理监管，我国劳动力、土地、生态环境资源等出口生产要素成本迅速上升带来生产总成本和出口价格上升；五是东盟等新兴经济体和其他发展中国家凭借劳动力成本和自然资源比较优势积极参与国际分工，投资产业和订单向我国周边国家转移趋势明显。

目前，我国出口竞争力减弱，这是我们不得不面对和认清的一个事实。

在这里，补充介绍一个背景知识。2008年世界金融危机是美国2006年春天发生的次贷金融危机引发的，2007年开始席卷全美、欧

洲、日本，2008年开始波及中国，进而形成全世界金融危机。美国次贷金融危机爆发的根本原因是收入不稳定、信用等级与偿债能力不高的购房者以高利率贷款买房而后期还不上贷款，导致大量抵押房屋被银行收回，而收回的房屋又卖不出去，导致金融机构接续破产。这次美国次贷金融危机总结出的教训：一是金融监管责任严重缺失，金融机构钻了金融监管制度漏洞的空子；二是提前消费畅行，寅吃卯粮，超出经济能力，提前过度消费；三是社会整体收入分配差距加大，贫者数量和贫穷程度提高。

三、新发展阶段，中国经济发展该何去何从

新发展阶段，中国经济发展该何去何从？本书的前三篇都分别进行了阐述，答案就是在新发展阶段，加快构建以国内大循环为主体、国内国际双循环相互促进的新发展格局。

2020年5月14日，中共中央政治局常务委员会提出“深化供给侧结构性改革，充分发挥我国超大规模市场优势和内需潜力，构建国内国际双循环相互促进的新发展格局”，之后，新发展格局在多次重要会议中被着重提及。

2020年5月下旬全国“两会”期间，习近平总书记再次强调，要“逐步形成以国内大循环为主体、国内国际双循环相互促进的新发展格局”。

2020年8月24日，习近平总书记在经济社会领域专家座谈会上说：“要推动形成以国内大循环为主体、国内国际双循环相互促进的新发展格局。这个新发展格局是根据我国发展阶段、环境、条件变化提出来的，是重塑我国国际合作和竞争新优势的战略抉择。”

2020年10月26日至29日，党的十九届五中全会召开，会上通过《中共中央关于制定国民经济和社会发展第十四个五年规划和二〇三五年远景目标的建议》，将“加快构建以国内大循环为主体、

国内国际双循环相互促进的新发展格局”纳入其中。构建基于“双循环”的新发展格局是党中央在国内外环境发生显著变化的大背景下，推动我国开放型经济向更高层次发展的重大战略部署。

2020年12月4日，“国内国际双循环”这一词语，入选《咬文嚼字》2020年度十大流行词；12月16日，入选“2020年度中国媒体十大新词语”。这充分说明构建以国内大循环为主体、国内国际双循环相互促进的新发展格局得到了人民大众的呼应，是顺应民意、与时俱进、审时度势的方针策略。

第三节　从微观层面看，中国经济发展陷入“三期叠加”和“双重风险”

从微观层面看，也就是从现实角度看，要认识到，中国经济发展陷入“三期叠加”和“双重风险”，还存在着“三大结构失衡”和“四降一升”等经济发展问题。

这是本章的重点，这一节知识难点比较多，主要是从中国经济发展自身角度、现实角度来分析自身存在的问题。国家与个人一样，找自身的问题、深度剖析自身问题都是最艰难的，但是要获得成长、获得突破，就得必须过这一关。

一、双重风险

大家知道，经济发展要追求供给侧与需求侧相对保持平衡。两侧相对保持平衡，经济稳定增长；两侧失衡，经济发展就出问题，出问题就要调控管理。由图11－2可见，如果不平衡，不是供给侧出问题，就是需求侧出问题。下面就从微观层面，站在现实角度，看中国经济发展出现的问题具体是什么，该怎样调控。

图 11－2 经济发展中的供给侧与需求侧平衡

1. 供给侧

（1）生产总成本提高

从图 11－3 可以看出，供给侧的要素有很多，读者会问上面那个问号是什么要素？我们带着问题思考，先看看中国目前的供给侧问题。在经济发展新常态阶段，有一个突出的现象就是生产的总成本大幅度提高。调查发现，生产总成本提高主要是因为图 11－3 中的前四个方面：劳动力、土地资源与自然资源、技术创新、生态环境与自然条件约束成本都增高。

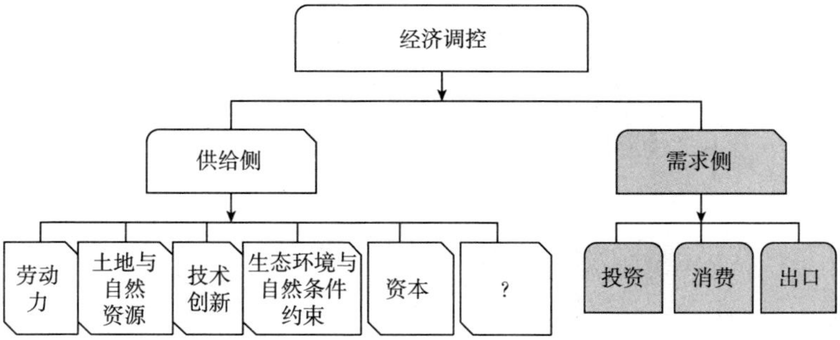

图 11－3 供给侧与需求侧

一是劳动力，也就是人工成本。新生人口增量不足，存量劳动力不够，相当于人口红利窗口关闭，不但没有了廉价劳动力的优势，而且家庭抚养教育成本增加和老龄化趋势越来越严重，带来工资福利、社会养老保障水平问题，劳动力的使用成本增加。所以，人口的一系列问题，导致国民经济生产中的人工成本大幅度上升。

二是土地与自然资源。商业用地越来越稀缺，价格越来越高；自然资源挖掘开发使用监管越来越严，使用成本就必然越来越高。

三是技术进步。技术开发的代价越来越大，需要的投入量越来越多。贫穷落后的时候，我们技术进步主要是靠模仿，模仿是各种技术进步当中成本最低的一种。到了上中等收入阶段，技术进步特别是核心技术，主要靠自主创新。因为可以模仿的基本已模仿完了，技术再要进步就要付出高额的知识产权费用，有的知识产权付费也买不到。这样的情况下，就要靠自主研发，而原创是各种技术进步中投入最大、成本最高、周期最长的一种投资活动。例如，华为每年研发成本大于1000亿元，占总收入的15%，其中50%也就是500亿元要用于原创研发。

四是生态环境和自然条件约束。伴随着社会经济长期大规模粗放扩张带来的各方面污染，很多地方生态环境深度损坏，环境的承载力越来越弱，雾霾和污染曾一度让老百姓叫苦不迭，已成为政府重要监管内容。目前，约束投入用于环境保护所付出的代价越来越高。

（2）生产总成本提高引起的连锁反应

生产总成本提高的条件下，根据“收入－成本＝利润”得出：如果成本升高，利润必然减少，企业就会出现新问题，例如，市场萎缩、积压、亏损，生产规模缩小，供给侧出现连锁反应。一系列微观问题集中在供给侧，宏观层面看出来的就是通胀、衰退现象。通胀、衰退不是同向的，是双向的。这是怎么形成的？下面要说的是难点。

在生产总成本提高的条件下，企业在运营过程中如何消化掉升高的这一部分成本？

先介绍一下PPI与CPI。通常情况下，有一个经济指数，专门是用来监管供给侧总成本变动的，就是PPI；还有一个是专门监测消费侧的，就是 CPI。前者是工业品出厂价格变动指数，后者是与消费者有关的物价变动指数。

如果发展方式不转变，经济增长还是靠传统的扩大投资规模去拉动，而不是依靠提高效率、降本增效来拉动，那就不能消化掉升高的这一部分成本。即使勉强扩大投资，也是重复低端生产，越发造成库存积压，企业负债率更大，亏损更大。

升高的这一部分成本如果硬要消化，怎么消化呢？就是进入消费价格。通常情况下，会带来很多麻烦。一是涨价会带来一系列社会影响，民生问题会给各项工作带来一系列麻烦，日常生活会被打乱；二是涨价会使产品失去竞争力，现在是信息社会，横向比较非常方便，成本高导致价格高，国内不买，国外也不买，产品在市场上就没有竞争力，失去竞争力，造成积压，时间一长又会造成资产重组或者破产，经济衰退下行；三是会形成由成本推动的整个社会的高通胀，导致经济下行，造成低就业，整个国家的经济增长就会出现严重的衰退、停滞，大面积就业问题马上就会凸显出来，失业会影响社会现象，从而引发政治问题，所以各个国家政府都非常关注高通胀。

所以，供给侧高成本问题造成的后果很严重，要么是通胀，要么是衰退，两个都是双向加力的。今天的中国，实事求是地说，如果通货膨胀到了两位数也就是 10% 以上，就不是单纯的经济下行问题。因为当物价上涨时，社会各方面都会受到影响，引起连锁反应，甚至会导致严重的社会动荡。

这就是为什么物价问题作为一个经济问题，各国政府都要高度关注。

例如，2019 年猪肉涨价带动食品价格上涨，给大学食堂带来了很大压力。笔者本身在大学负责过学生管理工作，对此深有感触。猪肉涨价，带肉的菜就会涨价，这时候很多学生就会在网上发帖子呼喊“菜涨价了”。学校马上召集后勤人员开会，主管领导说：“不能涨价呀，学生们生活费就这么多，菜价一涨，你让他怎么办啊！”后勤人员说："猪肉涨价了，没办法呀。"主管领导说："你们想想办法，就别涨价了。"后勤人员嘟嘟囔囔说："没办法呀，已经赔钱了。"于是，学校不让涨价，食堂就不卖肉菜了。过几天，学生又在网上写帖子："现在菜没涨价，但是肉没了。"学校又赶快召开会议协商，想办法再把肉找回来。最后，只能由国家投入平抑资金补贴大学食堂才把问题解决。所以，物价上涨是很复杂的经济问题，会带来更复杂的社会问题。

而如果经济衰退下行，会造成就业率降低，特别是应届毕业生的就业问题。2020 年应届毕业生 800 多万，2021 年还有 800 多万毕业生，2022 年又有 800 多万，年年都有一批新生的就业大军。而且，还有每年结存下来的"毕业就失业"的 50 多万毕业生和上一年累积的毕业生，国家承担的就业压力是非常大的。2020 年，疫情影响很多要出国留学的毕业生出不去，只好直接就业，就业压力又会加大。应届毕业生就业问题，尤其是农村的毕业生就业问题，是重要的国计民生问题。

大家知道，我们中国农村孩子考大学出来是全家人的希望，是最靠谱的脱贫路径，孩子毕业后能反哺家庭。有句古话叫作"地瘦栽松柏，家贫子读书"。孩子好好读书，考上大学，接受了好的教育，才能在城市里有竞争力，找一份质量较高的工作，有了较高的收入才能接济家乡父母，反哺家庭。中国的传统里，依靠孩子是最靠谱、最有效的脱贫路径，也是最好、最普遍、最直接的脱贫路径。可以查一查精准扶贫政策实施之前，农村家庭比较普遍的脱贫路径是不是依靠孩子读书、考学、就业。所以，习近平总书记在 2015 年 6 月 18 日的部分省区市扶贫攻坚与"十三五"时期经济社会发展座谈会上的讲话中强调扶贫对象"四看"：一看房，二看粮，三看劳动力强不强，四看家中有没有读书郎。这第四看是最重要的一看，总书记说家中要有读书郎，要靠读书的孩子防止贫困代际传递。因此，中国教育对脱贫的贡献，不能简单地按照教育占 GDP 比重多少来计算，好多没有体现在教育收益上，它体现在寻常百姓、家家户户这些孩子们反哺原生家庭的社会效益上。所以，毕业生就业，不仅是个人理想追求的实现，也承载着家庭的期望。如果农村孩子毕业就失业，不仅是个人的绝望，更是整个家庭的一种失望。这就是为什么对毕业生就业工作的各个方面都要高度重视。

2. 需求侧

需求侧增长有三驾“马车”驱动：投资、消费、出口。但是投资、消费、出口并不是需求侧要素，它们只是经济发展的结果而不是原因，这一点要明确一下。需求侧管理方式主要是解决总量问题，一般用税收、财政支出、货币发行等手段刺激或抑制需求。

需求侧问题无非是投资问题、消费问题、出口问题。出口问题已经在本章第二节说过了，不再赘述，那就说说投资问题和消费问题。

（1）投资疲软

中国令人瞩目的发展速度使中国经济成为世界上各个国家和各个国际组织经济学者与社会学者的研究对象，国外学者们说是万马奔腾拉动中国经济飞速发展，这个比喻很形象，确实如此，国家富强了，人民富裕了。2010 年，我们迈进上中等收入国家行列，国民有钱了，银行的储蓄规模上来了。但是银行拿着资金，在市场上找不到可盈利、有竞争性的投资项目，这是什么原因？

一是 2008 年金融危机我们投入的 4 万亿元规模的快速扩大投资还在消化期，通胀压力还没有消化，企业生产规模差不多饱和了，甚至形成产能过剩，没有投资需求；二是企业有投资需求，但生产成本高，技术引进不够，自主研发、自主创新能力又跟不上，在技术不变、结构不变、质量不变的情况下，如果企业接受银行贷款进行扩大再生产，就是低水平的重复，重复的结果就是产能过剩，出现经济泡沫，将来还要想办法消化，或者干脆在短时间内自己就被淘汰了，对于这种情况银行也不敢轻易放贷。三是金融体制问题，导致民营企业贷款门槛高，贷款困难，这时候就出现民间借贷市场。民营金融机构门槛低、利率高，短期可以缓解企业资金压力，有一定功效，但长期会带来一系列问题，市场上甚至还出现了大量民间私自集资现象。银行等金融机构贷款门槛高给自身发展也带来阻碍。由于银行储蓄规模增大，资金充裕，但投资有效需求疲软，这是与以往时期完全不同的逆转，很少出现的投资需求疲软、滞涨与中国实体经济不振联系紧密。但银行的钱必须流动，它流到哪里了？首先，理财产品大量出现，我们见到大量推销保险和理财产品的工作人员，资金在银行与保险、债券、股票之间流动，大量资金进入虚拟经济，产生金融泡沫，也就是脱实就虚。其次，进入新兴的“互联网+”新经济，这既算是服务业，又算是“网络经济+知识经济”的高科技企业，是我们倡导和需要的。最后，进入房地产业，可是楼市库存非常大，2015年以来，我们国家的房子够34亿人住，很多空置房，产生了大量房地产泡沫。

（2）消费疲软

消费需求为什么会出现疲软？国民不是富裕了吗？经过高速发展，国民收入水平确实迅速提高了，但问题出在哪里？

一是国民收入分配两极分化、贫富差距拉大带来的社会效应。2007年以来，中国连续多年是亚洲贫富差距最大的国家，在国际上的排名也曾超过美国。基尼系数是衡量国家贫富差距大小的，系数警戒线是50%，中国曾经到过并高过警戒线。这是什么原因？一方面，税制改革跟不上，企业所得税与个人所得税税率匹配度出现漏洞，有钱人想办法避税、节税，中国目前个人所得税总额80%是工薪阶层交的；另一方面，房产税没有办法出台，有钱人投资房地产，与金融投资“脱实就房”一起，抬高了房价，助长了房地产泡沫。老百姓本来就贫穷，还得掏钱买高价房，消化房地产泡沫，这就出现了富人更富、穷人更穷的社会效应。老百姓把钱都投在房子首付上，每月要还贷款，导致流动资金减少，消费能力下降，这是必然的，因为消费是受收入限制的。而越有钱的人，消费占收入的比重越低，因为他的收入高，物资接近饱和，或者消费走其他渠道，也就是恩格尔消费系数低。

这里补充介绍一个背景知识。恩格尔消费系数是19世纪德国数学家、统计学家恩格尔研究比利时国民经济时得出的一个研究成果，反映的是一个家庭里食品消费占总收入的比例，这个系数越大说明家庭经济情况越不富裕。恩格尔消费系数大于60%表示处于贫困阶层，在50%—60%是温饱阶层，在40%—50%是小康阶层，在30%—40%是富裕阶层，在10%—20%是富有阶层，在5%—10%是富豪阶层，低于5%的是大富豪。某种程度上说，目前中国的小康是相对低水平的小康，是初级阶段的小康，主要是几百年甚至上千年积累的农村、农业、农民问题沉重。党中央全力领导的精准扶贫工作卓有成效，取得了史无前例的脱贫效果。为巩固精准扶贫攻坚战成果，目前已经开启对接乡村振兴战略，会让中国农民的小康生活迈向更高层次，开启国家整体现代化建设新征程，实现中国人民大众都过上高品质生活的美好愿望。

再回到上面的问题，收入水平两极分化，大量的财富流向少数人，而中国大部分人是中低收入阶层，财富是积累的，贫困更是累积的，越是没有钱的人，当下越不敢花钱，于是便牺牲眼前必要的消费，节衣缩食，增大储蓄，而储蓄是未来的消费，不是当下的消费。尤其是受中华民族传统文化熏陶的中国人民大众更是如此。而花呗等改变了年轻一代人的消费模式，也带来了一系列问题。所以，政府对蚂蚁金服的监管是正确的，体现了国家治理能力与治理体系现代化。

还有，贫富差距拉大导致海外消费数额增加，大量的钱集中在少数人手里，他们去海外消费，比如购买奢侈品和别墅、出国留学等。还有一些私人企业，把家人海外消费计入生产成本，冲减利润，规避纳税。海外消费猛长，2014年以来每年超过1万亿元，海外消费花的是国内的生产资料、自然资源与劳动力凝结的钱，所以海外消费需要纳税。

二是有效供给不足。首先，国内高品质、个性化的产品较少，不能满足有效需求。其次，创新能力不强、产业结构升级动力不够，产品一边产能过剩，一边不符合需求，例如，钢铁行业是需要去产能的，但高铁建设中需要的轴承钢不能自产，需要大量从日本一家民营企业进口。所以，存在着高技术产品生产不了，高品质的产品不生产，低端产品规模巨大，而市场供需错位。这也是导致国民收入提高了，但国内消费却降低了的原因。

这些导致整个社会消费需求疲软，某些行业市场不景气，产能过剩，销路不畅，企业资金周转受阻，到期不能偿债，滑向缩小规模、兼并重组、停产，甚至破产层级。这样的企业一增加，不但带来失业，还带来投资与需求双疲软。

（3）双疲软带来的社会问题

一是需求侧的投资与消费双疲软必然带来高失业。互联网时代的"高通胀 + 高失业"，就成了"互联网 + 高通胀 + 高失业"，那就意味着遍地都是"干柴"，稍有摩擦，就起火花。现在都讲乘数效应，如果高失业中的主要人群还是受过高等教育的大学生，这可与我们国家贫穷时期出现的下岗工人组成的高失业群体不同。那个时候的高失业人群是工人与进城民工，他们是分散的，很难形成组织，而且他们受中华民族传统文化影响，并且经过新中国成立以来的各种洗礼熏陶，政治诉求低。如果是大学生这支生力军成为严重失业主体的话，他们会通过互联网组织起来或者形成轰动效应，这就会给社会带来麻烦。或者他们干脆不奋斗，形成大批量、长时间啃老，甚至沉迷、荒诞的一代，给家庭和社会带来不良影响。

二是多种问题交相叠加，会形成一个中等收入陷阱（见图 11－4）。现在世界上发展中国家当中有 116 个中等收入及以上国家，其中处于上中等收入阶段的有 58 个。其中很多国家在由发展中国家向发达国家迈进的过程中，没有跨越过去，长期停留在中等收入线上，甚至出现经济衰退现象，这就是掉进中等收入陷阱了。欧洲有很多发展中国家在向发达国家迈进的过程中掉进中等收入陷阱，四五十年出不来。

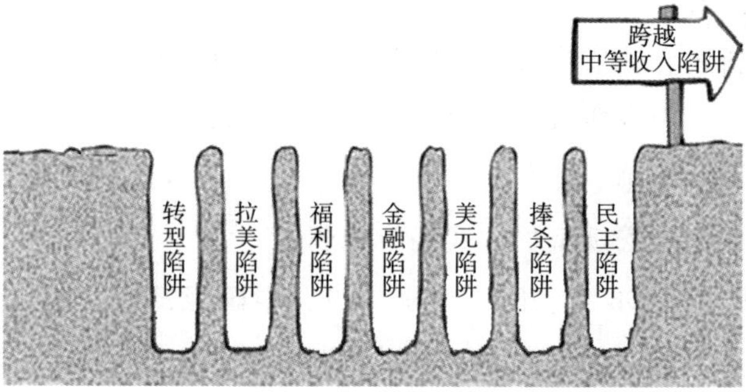

图 11－4　中等收入陷阱

最典型的是 20 世纪 70 年代拉丁美洲的十几个国家，他们达到了上中等收入水平，经过了 50 多年，还处于上中等收入水平，被称为拉美漩涡。20 世纪 80 年代，东南亚的泰国、菲律宾、马来西亚和印度尼西亚达到了上中等收入阶段，40 年来都没迈过去，还停留在中等收入陷阱里。20 世纪 90 年代，西亚北非的埃及、也门、突尼斯、利比亚、叙利亚达到了上中等收入阶段，到现在 30 多年了还没过去，不仅没过去，还在闹西亚北非危机，什么时间结束，到现在还看不出来。目前，他们面临的问题依旧是如何走出中等收入陷阱。

拉美漩涡、东亚泡沫、西亚北非危机，发生的年代不同、地区不同、形式不同，但是其最根本的原因却是相同的，就是到了中等收入阶段，没转变经济发展方式，适应不了新的社会需求，政府层面遇到经济问题还一味地用经济杠杆调整需求侧。另外，分析发达国家中的高等收入国家，他们从上中等收入的起点，没有掉进中等收入陷阱，而顺利达到高收入的发达国家起点，平均用了 12 年零 4 个月，其中 20 个人口相对较多的大国用时短，平均用了 11 年零 9 个月，小国用的时间长。我们这么大的国家，千万不能掉入中等收入陷阱，掉进去更是不容易爬出来，这可比从穷到富的过程复杂。所以，习近平总书记这一代领导人要承担几代领导人的重任，要做的事情很多。我们刚刚富起来，绝不能在刚刚富起来还没强起来就掉下去！还好，我们有懂经济学的总书记做中国经济发展的瞭望人！

综上所述，构成中等收入陷阱的供给侧和需求侧两方面问题我们国家都存在，中等收入陷阱对我们的威胁很现实，国家宏观调控遇到了前所未有的困难。

三是以前的宏观调控方式功效减弱。

在1978—1998年，除了个别年份，中国经济失衡的特点是需求膨胀，经济短缺，物价上涨。所以，实施紧缩、收紧银根，把购买力管住，问题就解决了。

1997年的亚洲金融危机在1998年开始波及中国，当时我们向国际社会做出承诺：人民币不贬值。我们是大国，举足轻重，我们的人民币不贬值，能把危机尽力消化在亚洲。通常情况下，经济危机遭遇到的一个重要困难就是偿还到期国际债务。为了偿还到期债务，发生经济危机的国家就会降价紧急甩卖货物。我们承诺人民币不贬值，意味着我们不降价，不降价产品卖不出去，出口受挫，就只能消化在国内，刚好国内出现一些需求偏软。1998年5月，我们开始实施的宏观政策是扩大内需，当时叫作“积极的财政政策和稳健的货币政策”，问题迎刃而解。之后除了个别年份，大部分时间里，一直都是这个宏观经济调控政策，中国的老百姓也耳熟能详了。

到了2008年，世界金融危机风暴刮来。那一年，奥运会、汶川地震……影响国民经济的大事不断，加上原来国内总需求不足，经济增长动力不足，国家当时提出“更加积极的财政政策和适度宽松的货币政策”，与1998年开始实施的“积极的财政政策和稳健的货币政策”相比，前面加了两个字，后面去掉两个字，然后又加了四个字，决策过程非常谨慎。2008年，为刺激国民经济制定了“10+4”方案：10万亿元的货币政策、4万亿元的财政政策。这一次我们不但拉动内需、振兴了国家产业，对世界经济也起到了“压舱石”的作用。但是也留下了问题，形成了“三期叠加”，稍后详述。

2011 年初，中国经济出现了新的问题，既有通胀的潜在压力，又有经济下行的严重威胁，我们称之为双重风险并存，最主要的是 GDP 滑下来了。过去这两种风险是分别发生的：1978—1998 年主体通货膨胀，1998—2010 年主体经济下行，都是单一的，宏观调控一加上杠杆，经济马上起飞发展，并且能够很快消化掉加持的杠杆。现在这两个方向同时出现，两个问题如果都在需求侧解决的话，政策实施是相反的，所以宏观调控政策出现了两难处境，调控失灵。其实，发现 GDP 下滑后，2013 年以后还是继续使用宏观调控政策，以每季度甚至每月大于 10% 的投资拉动，但是 GDP 继续下滑。很多不知情的人都在寄希望于中国的宏观调控政策，但是杠杆功能减弱，基本不起作用。

宏观政策要怎么办？要遏制通胀，从需求侧来说就是紧缩需求，可是一紧缩需求，市场进一步衰退，加剧经济下行；反之，要遏制经济下行，从需求侧管理来说，就得刺激需求，可是一刺激需求，因为工业品成本高，就有可能加剧通货膨胀的压力。面临双重风险，从需求侧进行宏观调控，顾此失彼，成效不好。不敢像 1998 年以前那样财政政策和货币政策“双紧”，也不敢像 2008 年那样财政政策和货币政策“双松”。2011 年以来，国家采取的宏观调控政策是积极的财政政策和稳健的货币政策，又回到过去的“松紧搭配”了。但是这次却没能拉动 GDP，2012 年、2013 年、2014 年上半年增速分别为 7.7%、7.6%、7.4%，中国告别过去 30 多年平均 10% 左右的高速增长，进入经济增长的根本性转换阶段。

现在使用的需求侧的“松紧搭配”政策与过去的“松紧搭配”政策目标是不一样的：财政政策的首要目标是稳增长、保就业；货币政策的首要目标是稳物价、压通胀。财政政策是扩张的、积极的，而货币政策总体来说是稳健的、从紧的，两者方向不一样。这两大宏观政策在需求侧进行管理，它们的作用是相互冲突、相互矛盾的，这就使我们宏观经济调控政策的有效性受挫。例如，前几年政府想控制房价，但控制不住，政府本身财政赤字不减；国有企业和央企一接受宏观政策调控就亏损。正是这种新的失衡，才让我们看清楚需求侧管理的局限性。这是一个逐渐认识的过程，不是一下子就认清的。看清问题以后才会调查研究、深度思考，才会探索新的政策工具。

二、三期叠加

在分析双重风险的过程中，中央先分析出来新常态中存在的三个特征：一是速度，从高速变成中高速，还在不断下移；二是以技术创新让企业成本降下来，让产品更新换代，提升质量，提供有效供给、优质供给，减少无效供给，增强需求反应敏锐性，不仅能够满足需求，还要创造需求、引领需求；三是经济结构调整的根本目的是以数量和速度换质量与效益，以短期阵痛换长远发展。经济结构调整内容特别多，涉及方方面面，很多都是过去不曾想到的。例如，国家要制订《能源法》《节能法》来保障绿色低碳转型发展，敦促企业与公民节能降耗，制止浪费，促进创新，它包括产业结构升级、区域结构平衡、增长动力转换、财富分配调节、要素投入结构调整、排放结构优化等诸多方面。所以，政府与企业要正确对待结构调整的阵痛，以自我革命的精神完成转型升级高质量发展。

接着中央又总结出三期叠加。这里的三期叠加是指增长速度换挡期、结构调整阵痛期、前期刺激政策消化期的“三重叠加”。

当我们从2008年的国际金融危机中走出来时，马上看到的是中国经济发展增长动力、增长速度快速下降：2010年经济增长速度在10.6%以上，2011年降到了9.6%，2012—2019年分别是7.9%、7.8%、7.4%、7%、6.9%、6.8%、6.7%和6.1%。刚开始GDP增速下降，大家以为这种下降或许是短暂的，所以把2013年叫作中国经济增长速度从高速向中高速转换的“换挡节点”。后来发现用“节点”不合适，如果用“节点”，那应该是很短暂的，但是宏观调控加力、加杠杆也不能提升经济增长速度，到底是什么问题呢？到底能稳定在什么速度上不再下滑呢？各方都没有把握。再后来发现，实际情况要更复杂，时间要很长，不是“节点”而是“期”，所以后来提出三期叠加。

三期叠加是一种严峻的经济形势，是一种风险。三期叠加中的第二期“结构调整阵痛期”里还有一个“三个相互叠加”，需要特别重视。

1. 经济增速换挡期

经济增速换挡期，指的是我国经济正在由原来年均10%左右的高速增长阶段稳步向年均7%左右的中高速增长阶段过渡，可能7%及其以下的平均增速将成为我国今后十几年、二十几年、三十几年或者更长时间经济增长的常态。对于经济增速换挡，我们可以从“三个不”方面加深理解。

一是“不可能”，即降速是必然的，原来的高速增长不可能永久性地保持下去。二是“不必要”，即实现经济社会发展目标不必追求过高的增长速度，不以GDP高低论英雄。三是“不容易”，即中高速经济增长不会自动实现，需要我们付出艰辛努力。保持住中挡已经不容易了，拉丁美洲和亚洲一些国家由经济高速增长直接跌入经济泥潭的教训告诉我们，对于已经取得的经济成就，我们应该自豪但决不能自满，更不能自我陶醉，应谦虚谨慎。我们这样一个人口大国，经济增长速度存在很大的惯性，增速较高时往往存在向上的惯性，容易出现经济过热、通货膨胀，而增速放缓时则存在向下的惯性，容易出现增速大幅下跌、通货紧缩或者滞涨的情况，因此在经济增速换挡期我们依然要保持清醒的头脑。

2. 结构调整阵痛期

经济结构调整的根本目的是以数量和速度换质量与效益，以短期阵痛换长远发展。经济结构内含丰富，包括产业结构的升级、区域结构的平衡、增长动力的转换、财富分配的调节、要素投入结构的调整、排放结构的优化等诸多方面，对于结构调整阵痛，我们可以从“三个相互叠加”方面增强认识。

一是多重结构调整的阵痛相互叠加。供给侧结构性改革中的结构调整与以往多次结构调整的显著不同在于多种结构同时调整，多种阵痛相互交织、相互影响。从产业结构看，过剩产业面临压缩，低端产业亟待升级；从区域结构看，区位条件差、发展潜力小的地区面临空心化和边缘化；从增长动力看，出口和投资相关行业产业面临优化和重组；从财富分配结构看，垄断行业、高收入阶层收入需要加大调节力度；从要素投入看，传统人口红利减弱，劳动者职业技能亟须加强；从排放结构看，“三高”行业和企业面临严厉管制，资源、能源供给模式面临根本性转型。多重的结构调整相互叠加、相互影响，从时间上衡量是“阵痛”，从程度上衡量则可能是“剧痛”，对此我们必须时刻保持清醒的认识。

二是结构调整阵痛与过剩经济相互叠加。显而易见，增量调整范围窄、难度小，而存量调整则范围广、难度大。前几轮经济结构调整是在经济相对短缺的大背景下进行的，只需在保持较快经济增长速度的同时，在关键性行业领域大力发展生产力，即可基本完成预期目标，主要进行的是“增量调整”；而现阶段的结构调整是在我国成为世界制造中心、反危机措施加剧、产能过剩的时代背景下进行的，而且经济增速明显放缓，增量调整的空间已经不大，存量调整成为我们的必由之路。增量调整主要靠发展，而存量调整则更加依赖改革，改革便意味着破除原有发展方式赖以存在的体制安排和利益结构，其中的艰难阻力不言而喻，结构调整只有经历“断腕”之痛才能适应经济发展新常态。

三是结构调整阵痛与中等收入陷阱相互叠加。我国正面临中等收入陷阱的严峻挑战，中等收入陷阱不仅表现为经济波动、发展停滞的经济陷阱，也表现为矛盾凸显、阶层分化的社会陷阱，因此需要我们仔细研究、科学应对。上中等收入发展阶段正是社会敏感期，国家、社会的任何行动稍有不慎就可能引发严重的社会问题，在这一阶段进行结构调整，既要对原有制度安排、利益格局进行深度调整，又要避免经济社会系统性风险的爆发，技术含量高、难度系数大，需要我们切实将改革力度、发展速度和社会可承受程度统一起来。

3. 前期刺激政策消化期

前期刺激政策是指为应对 2008 年国际金融危机的不利影响，我国政府采取的总计 4 万亿元的拉动内需、振兴产业等一揽子刺激计划，这些刺激政策为我国经济迅速起稳回升带来了良好的效果，也对世界经济起到了“压舱石”的作用。但任何政策都有两面性，不利影响逐渐显示。

一方面，前期政策有后遗症，4 万亿元刺激是在特殊时期采取的特殊政策，保证中国经济过关迈坎的同时，增加了后期宏观调控的难度。一是通胀压力增大，4 万亿元计划的大部分是以银行信用方式投入市场的，市场流动性激增，经济发展面临较大通胀压力，特别是在经济增速明显放缓的情况下，既要保增长，又要防通胀，宏观调控难度较大；二是产业结构逆动，4 万亿元计划出台后，第二产业比重显著上升，第三产业比重不升反降，一些重化工行业产能过剩问题加剧，产业结构调整压力进一步增加；三是地方政府债务问题凸显，地方政府搭上中央刺激计划的“顺风车”后，地方债务急剧膨胀容易引发系统性风险，也容易对民间投资产生“挤出”效应，弱化刺激政策的实际效果。

另一方面，宏观形势有新变化。以前经济刺激、宏观调控政策出台的主要背景是我国经济属于短缺经济，长期处于高速增长阶段，经济下行基本上属于周期性波动，因此经济下行时只需要对需求端进行调整，通过大幅度、宽口径的扩大贷款、刺激投资、弥合产出缺口即可基本实现调控目标；而目前我国经济产能过剩现象较为严重，增速逐渐由高速转为中高速，经济转型升级压力激增，国际经济结构也正在经历深度调整，全面刺激政策的边际效果明显递减。如果我们继续盲目追求过高的经济增速就会错失调整、发展机遇，因此必须保持战略上的平常心态，审时度势，兼顾当前和长远，着力通过促改革和调结构消化前期政策，发掘经济的长期增长潜力。

三期叠加是对我国当前和今后一段时间经济发展特征准确而形象的描述，经济增速换挡期主要是针对经济发展的总量、数量而言，结构调整阵痛期主要是针对经济发展的质量、效益而言，前期刺激政策消化期则是针对宏观调控的方向、手段而言，三者相结合勾勒出了我国经济社会发展的主要问题和挑战，为认识供给侧结构性改革的艰巨任务提供了背景依据。

三期叠加，只要用“期”这个字，就是时期，就应该有期限，或者说就应该能预测出在某个具体时间能过去、能结束。目前来看，很难判断，也许一直到2035年建成社会主义现代化经济体系，或者是到2050年建成社会主义现代化国家。2012—2015年，国内外企业界、学术界、政治界大家都议论：中国经济走势是“W”形、“V”形、“M”形，还是“U”形？什么时候是拐点？万民期盼，议论纷纷。后来发现是“L”形。认清经济社会发展形势和发展规律后，在GDP下降过程中，我们主动作为，不断调整优化产业结构，主动转变发展方式，提升发展质量，加强国家治理能力与治理体系现代化。这是党和国家各级政府、各行各业高质量转型发展、绿色低碳发展的大好时机。

三、三大失衡

在指出新常态的“三个新”特征之后，在认识到结构新的重要性后，在三期叠加的严峻经济形势下不断优化调整产业结构的艰难过程中，中央又分析出经济社会发展结构中的“三大失衡”（见图11－5）：

一是实体经济结构性供需之间失衡，二是金融和实体经济之间的失衡，三是房地产和实体经济之间的失衡。

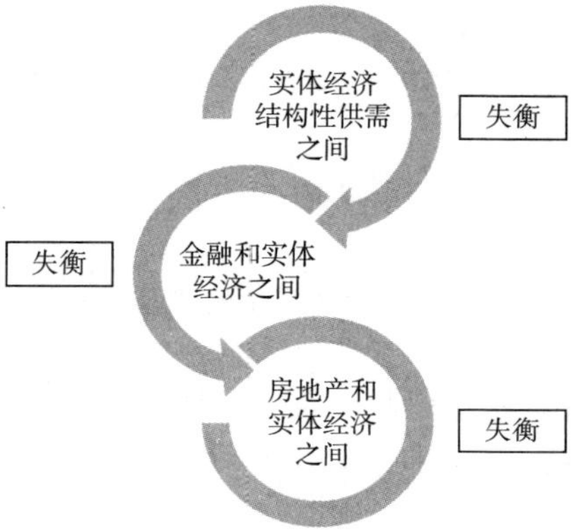

图 11－5　三大失衡

在这里强调一下，这三大失衡不仅是结构性的，而且是环环相扣的。例如，实体经济供需的失衡，一边过剩产能居高不下，一边海外爆买愈演愈烈；国内企业中低端供给强大，高端供给不足，钢铁产能过剩，但高铁列车需要的某种轴承钢需要大量进口；赚得盆满钵满的金融和房地产又给中国经济带来了杠杆失衡和房产泡沫、产能过剩，导致资本长时间“脱实就虚”和“脱实就房”，而且冲动惯性十分强大，导致三大失衡愈发瞩目。

四、四降一升

中国经济还同时出现了“四降一升”现象（见图 11－6）。

“四降一升”属于一种经济下行现象，它的出现显示出国家社会经济发展面临着严峻的形势。“四降一升”即经济增速下降，通胀率、工业品出厂价格下降，实体经济企业利润下降，财政税收增幅下降，同时金融风险在上升。“四降一升”直指国家经济风险上升。

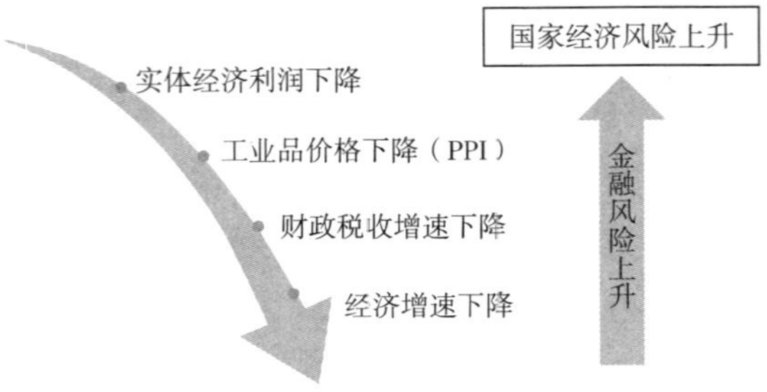

图 11－6　经济发展中的“四降一升”

写到这里笔者有两点感触。首先，转型发展过程中，中国的实业异常艰难。实业之难，在于成本之高。以前中国经济高速发展，成本高企问题被发展增量所掩盖，企业感受不到痛处。如今，当经济增长放缓，水降石出，问题便凸显出来，分外刺眼，没法掩盖。实体经济成本很大程度上是税费成本、管制成本、寻租成本和用能成本，哪一块降下来都需要真刀真枪地断腕刮骨。

例如，用能成本要降下来，能源企业的煤、油、气、电都要想办法降价。而这些企业多为国有企业，家大业大，国家自然垄断，一旦强制降价，就会出现亏损。这时候就要求国有企业践行“六个力量”，不止履行经济责任，还要担当起政治责任与社会责任，同时要在企业内部加紧实施提质增效，加快内部技术改革、体制改革，强化互联网经济意识，加快新基建步伐，加快高质量转型升级发展，而这一系列举措就是贯彻落实供给侧结构性改革。

另外，一直以来各级政府以政带法、官权管钱，自身赤字不断增长，如果政府不能自我革命，简政削权，违背社会经济发展规律，不还给市场在资源配置中的决定权，制度性交易成本就不能大幅降低，还会影响其他成本下降的决心，那么中国的实业就很难轻装上阵。这正是供给侧结构性改革的重点。

其次，珍惜国家政策买来的宝贵窗口期，加快结构调整转型发展。中国经济如果还在以前货币财政加杠杆给出的经济稳定的期待中，不愿意忍受供给侧结构性改革的阵痛，那么货币政策和财政政策买来的宝贵窗口期就真的浪费了，以后政策带动给予的调整空间会越来越小。如果不能认知自身问题，错过产业结构调整、降本增效、高质量转型发展的黄金期，就得在货币收紧、财政收紧的条件下被政府强行改革，阵痛就会更加剧烈，就更难凝聚共识，政府、国企、央企、民企皆如此。所以，再难也要迎难而上，因为窗口不会永远都打开，那是用2008年的10万亿元加4万亿元、2012—2015年国家更多的货币政策和财政政策买来的机会，那是2015年以来预留的、苦心孤诣甚至是苦口婆心地宣传供给侧结构性改革的政策引导期、思想转变期。

作为一名电网人，很欣喜看到国家电网公司在带领着省市县电网公司紧锣密鼓地通过数字革命加强新基建，带动传统电网转型升级；通过自我革命的精神提质增效，降低能源行业生产成本；接受国家宏观政策调整降电价，减少一般工商业企业用能成本；通过技术创新提升能源转换效率，加快绿色低碳转型发展；通过主动对标“碳达峰、碳中和”，率先主动担负起央企使命责任；通过抓企业发展战略落地，全力加快建设具有中国特色国际领先的能源互联网。

第十二章　什么是供给侧结构性改革

第一节　供给侧结构性改革的提出过程

提起“供给侧结构性改革”这一新词语，日历要翻回到5年前，那是“十三五”规划制定的前夕，2015年11月10日，习近平总书记主持召开中央财经领导小组第11次会议，研究经济结构性改革和城市工作，首次提出了供给侧结构性改革。

2016年1月26日，中央财经领导小组第十二次会议，习近平总书记强调，供给侧结构性改革的根本目的是提高社会生产力水平，落实好以人民为中心的发展思想。

2016年1月27日，习近平总书记主持召开中央财经领导小组第十二次会议，研究供给侧结构性改革方案。

2017年10月18日，习近平总书记在十九大报告中指出，深化供给侧结构性改革。建设现代化经济体系，必须把发展经济的着力点放在实体经济上，把提高供给体系质量作为主攻方向，显著增强我国经济质量优势。

2018年12月21日，中央经济工作闭幕会议指出，我国经济运行主要矛盾仍然是供给侧结构性的，必须坚持以供给侧结构性改革为主线不动摇，更多采取改革的办法，更多运用市场化、法治化手段，在“巩固、增强、提升、畅通”八个字上下功夫。

5年来共计有50多次党和国家的重要会议上提到供给侧结构性

改革。习近平总书记在多次重要会议上反复强调“以供给侧结构性改革为主线”“推动供给侧结构性改革”“深化供给侧结构性改革”“扭紧供给侧结构性改革”。供给侧结构性改革这一新词汇、这一方针政策，不但写入“十三五”规划，还写进党章，写入党的十九大报告，写进国家治理能力与治理体系现代化建设决定，写进“十四五”规划，写进2035年远景目标，写进中国特色社会主义现代化经济体系。我们要沿着这条主线开启社会主义现代化建设，建成社会主义现代化强国，实现中华民族伟大复兴。供给侧结构性改革这一方针政策的地位太重要了。

在本篇开头提到以高质量发展为主题，以供给侧结构性改革为主线，大家肯定会想主题与主线有什么联系和区别?

例如，你沿着操场的跑道跑步，主线是跑道，主题是锻炼身体，目标是健康，那么我们沿着这条主线前进才能保证完成规定的主题任务，实现目标。所以，以后相当长的一段时期内，我们要以供给侧结构性改革为主线，以高质量发展为主题，实现中华民族伟大复兴。

中央提出供给侧结构性改革的原因很简单，单纯用需求侧管理方式对社会经济发展存在的问题进行调控具有明显的局限性，甚至产生副作用。今天的中国，改革开放步入深水区，不得不为国家经济寻求新的治本良方以阻止“四降一升”，改善三大失衡结构，破解双重风险，突破三期叠加，避免掉进中等收入陷阱。

第二节　供给侧结构性改革的学理基础

写到这里，大家思考一下，改革开放以来中国经济高速增长的背后，我们真正依靠的是什么？最大的动能是什么？答案有两点：党中央提出的改革开放这项方针政策、中国特色社会主义市场经济体制这个特色体制。这个政策、这个体制，我们用了40多年。改革开放与社会主义市场经济体制自身也面临着完善、更新与转型，它们的内涵需要与时俱进，需要扩充，需要针对问题完善修订，否则就解决不了新矛盾，就不能焕发新动能，这也是供给侧结构性改革的重要内容。党和国家都在自我革命，例如，党要管党、从严治党制定的各项党纪法规；《公务员法》的颁发；党的十九届四中全会提出的国家治理能力与治理体系现代化；为推进落实“四个革命、一个合作”制定的《能源法》《节能法》，都属于供给侧结构性改革。

前面已经给大家讲了供给侧要素，图 12－1 中的问号应该填什么？填的是制度创新（包括法律）。供给侧结构性改革属于制度创新。

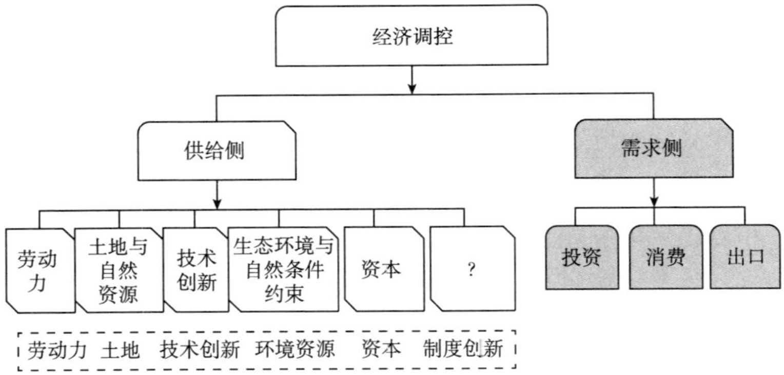

图 12－1　供给侧要素填空答案

供给侧结构性改革作为习近平新时代中国特色社会主义经济思想的重要组成部分，理论基础丰富；作为党和国家重要的方针政策，非常科学严谨。它的学理依据主要是马克思主义政治经济学和以人民为中心的发展思想。它开创了中国特色社会主义政治经济学，丰富了马克思主义理论。

我们先来看看马克思主义政治经济学理论中关于供给与需求是如何论述的。

马克思政治经济学阐述：要给需求与供给这两个概念下一般的定

义，真正的困难在于它们好像只是同义的反复。从经济学一般意义上讲，供给是由生产部门在一定价格下所提供的商品和服务。但我们不能离开需求来谈供给，只有将供给和需求联系起来考虑，才能做出有意义的表述。需求从本质上说是一种购买力，是一种用货币来表现的购买力，也相对容易衡量。而供给则较复杂，供给既是一种产品的供给、服务的供给，又是一种价值的供给。

那么，我们再看看国内经济思想中关于供给侧结构性改革是怎样论述的。

在给出“供给侧结构性改革”概念前先给出了理想需求、理想供给、有效供给、无效供给等 7 个概念，然后给出供给侧结构性改革的式与概念。这个比较难，下面分步给大家讲解。

一、理想需求与理想供给

实现充分就业时的社会总需求叫作理想的社会总需求，把与此对应的社会总供给称作理想的社会总供给（见式 12.1）。该状态所对应的商品需求就是商品的理想需求，与商品的理想需求相对应的商品供给就叫商品的理想供给（见式 12.2）。

社会总需求 = 理想的社会总需求 = 社会总供给 = 理想的社会总供给　（式 12.1）

理想需求 = 理想供给（商品）　（式 12.2）

二、有效供给与有效供给不足

商品的价值能得以实现的供给称为有效供给（见式 12.3）；有效供给如果低于商品的理想供给可称作有效供给不足（见式 12.4）。

商品的价值 = 有效供给　（式 12.3）

理想供给（理想需求）－有效供给 = 有效供给不足　（式 12.4）

三、无效供给、无效供给Ⅰ、无效供给Ⅱ

超过有效供给以上的那部分供给称为无效供给，它包括有效供给与商品理想供给的差额，还包括超过理想供给以上的那部分供给。如果我们把有效供给与商品理想供给的差额部分叫作无效供给Ⅰ，而把超过商品理想供给的那部分供给称作无效供给Ⅱ，那么，无效供给Ⅰ主要是由于有效需求不足造成的，而无效供给Ⅱ则是由供给本身的不当造成的。

理想供给（理想需求）－有效供给＝无效供给Ⅰ　（式 12.5）

社会总供给－理想供给（理想需求）＝无效供给Ⅱ　（式 12.6）

无效供给Ⅰ＋无效供给Ⅱ＝无效供给　（式 12.7）

这里需要强调的是，无效供给Ⅰ主要是由于有效需求不足造成的，而无效供给Ⅱ则是由供给本身的不当造成的。

理解起来还是有些难，现在把以上各式结合在一起，借助图 12－2 的柱状图更容易理解。

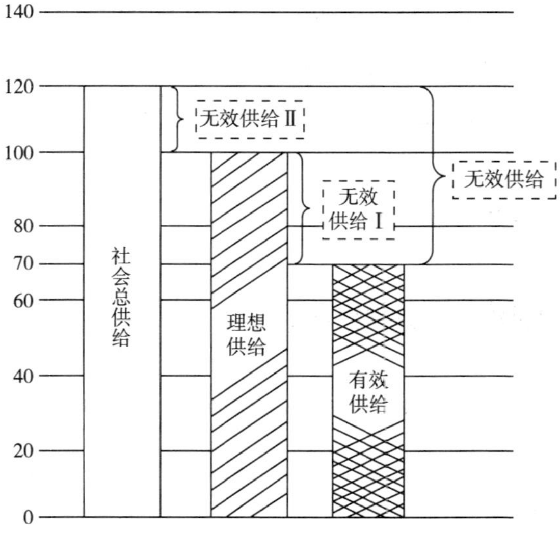

图 12－2　式 12.1—式 12.7 的柱状图

四、供给侧结构性改革

供给侧结构性改革就是用改革的办法推进结构调整，减少无效供给和低端供给，扩大有效供给和中高端供给，增强供给结构对需求变化的适应性和灵活性，提高全要素生产率，使供给体系更好适应需求结构变化（见式 12.8）。

供给侧结构性改革 = 供给侧 + 结构性 + 改革　　　　（式 12.8）

1. 改革实质

供给侧结构性改革的实质就是改革供给方式与供给结构。

一是改革政府公共政策的供给方式，以更好适应市场导向。供给侧改革结构性实质上就是改革政府公共政策的供给方式，也就是改革公共政策的产生、输出、执行及修正方式，更好地与市场导向相协调，以充分发挥市场在配置资源中的决定性作用。说到底，供给侧改革就是按照市场导向的要求来规范政府的权力。离开市场在配置资源中的决定性作用谈供给侧改革，以政府这只“有形之手”抑制市场这只“无形之手”，不仅不会有助于经济结构调整和产业结构调整，还会损害已有的市场化改革成果。

二是改革供给结构的效率和质量，以更好适应市场导向。供给侧结构性改革实质上就是改革供给结构，主要是改革供给的效率和质量，以市场所需供给为标准而进行的政府改革。无论是削平市场准入门槛、真正实现国民待遇均等化，还是降低垄断程度、放松行政管制；也无论是降低融资成本、减税让利民众，还是减少对土地、劳动、技术、资金、管理等生产要素的供给限制，实际上都是政府改革的内容。

2. 改革地位

从中国政府改革的角度看，供给侧改革可谓中国改革开放 40 多年来最深刻的一次政府功能转变。经济结构调整和产业结构调整，要求政府在公共政策的制定和执行上，多方面降低对中国经济的供给约束，使产业与企业的自然活力不再受限于作为公共政策供给方的政府的约束限制。

3. 改革的根本目的

供给侧结构性改革的根本目的是提高全要素生产率，提高社会生产力水平，落实好以人民为中心的发展思想。

现在有供给侧结构性改革的概念，那么是否有需求侧改革的概念？没有，最多叫需求侧管理或者需求侧刺激。需求侧怎么管理？例如，过去在物资短缺的条件下，国家发行粮票、布票、煤票、肉票等。需求侧管理主要是解决总量问题，它除了靠投资、消费、出口三驾马车驱动，还有税收、财政支出、货币发行、利率等手段来短期刺激需求或抑制需求，维护宏观经济的稳定。

第三节　供给侧结构性改革的主旨任务

一、供给侧结构性改革的主旨

供给侧结构性改革的主旨具体概括如下：

1. 推进经济社会结构调整，矫正要素配置扭曲；
2. 调整经济结构，使要素实现最优配置；
3. 提升经济增长的质量、数量和效率；
4. 发挥市场在资源配置中的决定性作用；
5. 扩大有效供给，提高供给结构对需求变化的适应性和灵活性；
6. 提高全要素生产率；
7. 更好满足广大人民群众的需要，促进经济社会可持续发展。

二、供给侧结构性改革的主体

供给侧结构性改革主要是解决经济结构性问题，通过生产结构和要素配置的调整来提高生产的质量和效率，从而推动经济深度发展，而供给侧管理是靠政策和法律、法规、制度等强力推动的，是长远的，不仅涉及生产力，还涉及生产关系。供给侧结构性改革推进需要国家新制定、修订大量相关法律和制度来保障执行，包括政府本身也要被改革，需要简政放权与制度输出，要切实发挥市场在资源配置中的决定性作用，所以党和国家政府都是供给侧改革的主体和对象。

国有企业、民营企业也都是改革的主体和对象。民营企业主要靠市场调剂，国有企业能放开的部分都要放到市场中，垄断的、不能放开的部分要服从国家宏观政策调整，发挥国企“六个力量”和“三个功能”。

供给侧的问题是根本的、系统的、深刻的、影响全局的，经济与社会同时转型发展需要深度改革，这个改革就是供给侧结构性改革。而改革必须要有政策、法律来保障，要明确改革任务，要确定主攻方向，要有方法与工具。

三、供给侧结构性改革的主责

制度经济学代表人物、美国著名经济学家舒尔茨说：“任何制度都是对实际生活中已经存在的需求的响应。”随着中国经济进入转型升级的新阶段，一些制度体系已严重滞后，进而提出了创新制度供给的迫切需求。所有这些需求加起来，可以概括为一句话：发挥市场资源配置的决定性作用和政府的简政放权。这主要是因为，虽然我国实行社会主义市场经济体制已有 40 多年了，但迄今为止仍然只能称为“半拉子”市场经济，在影响经济增长至关重要的土地、劳动力、资本、创新等要素方面，还存在着十分明显的供给抑制与供给约束。现在制度结构、生产结构已经不能满足庞大的上中等收入社会和家庭的各类新需求，不利于中国各类消费潜力、改革红利的释放。

供给侧结构性改革的主责是解决供需关系与结构性问题。政府在做好自己“约束权”“约束钱”两项功能的同时，还要积极推进国有企业改革、收入分配制度改革、社会保障制度改革等，以营造良好的市场竞争环境，促进社会的公平正义。结合中国的实际情况，当前供给侧改革的重中之重是对要素市场进行全面改革，以真正发挥市场在配置资源方面的决定性作用，全面释放经济社会活力。

1. 调整完善人口政策，夯实供给基础

人口增长与经济发展之间的关系，一直以来都是经济学的核心问题。“劳动是财富之父，土地是财富之母。”威廉·配第的这一论述，第一次从经济的角度，概括了人口与经济的关系。人口既是需求基础，也是供给基础。就当下中国人口决策而言，要解决人口老龄化、劳动力不足、劳动力结构性缺员问题，需要生育政策改革、教育制度改革、退休制度改革、薪酬制度改革配合。

2. 推进土地制度改革，释放供给活力

合理的土地制度安排对于激励生产要素和公共产品供给、释放供给活力、促进经济增长和经济发展方式转变，发挥着重要的微观管理和宏观调控功能。2015 年以来，我国城镇面临着日益严峻的去库存化及“后土地财政”的压力和挑战，农村则开始进入三权分置改革和集体建设用地、宅基地的试点阶段，推动城乡土地制度改革的合力基本形成，长期滞后的土地制度改革有望加速推进，同时解决新型城镇化、户口制度、区域发展不平衡以及由此带来的新的农业农村农民问题。

3. 加快金融体制改革，解除金融抑制

金融是现代经济的核心。改革开放以来，我国金融市场由小到大、由弱到强、由单一到多元，不断发展壮大。20 世纪 80 年代，我国金融改革的主要内容以引进市场经济金融体系的基本结构为主。20 世纪 90 年代上半期和中期，以建立符合市场经济需要的金融机构和金融市场基本框架为主。2002—2008 年进入以健康化、规范化和专业化为特征的金融改革与发展新时期。当前，我国金融正处于市场化、国际化和多元化的阶段，面临着比以往更加复杂的局面。从国内来看，金融作为最重要的要素市场之一，由于改革不到位，存在着非常明显的金融抑制，需要加快改革。

4. 实施创新驱动战略，开辟供给空间

中国经济多年来的高速增长很大程度上得益于要素驱动和投资驱动，但是，经济进入新常态后，劳动力、自然资源等要素红利渐行渐远，投资驱动风光不再。“十四五”时期中国要继续发挥经济巨大潜能和强大优势，必须加快转变经济发展方式，着力推进供给侧结构性改革，坚定不移实施创新驱动发展战略，提高发展质量和效益，加快培育形成新的增长动力。

5. 深化简政放权改革，促进供给质量

新制度经济学认为，制度与劳动力、土地、资本、科技创新一样，是经济增长的要素之一。对世界历史纵横两个方面的考察表明，制度的内涵与制度质量是影响甚至决定一国经济长期绩效最重要的因素。当前，我国经济发展中遇到的诸多问题都可以深入到体制机制层面上找原因，制度变革与制度创新刻不容缓。

6. 构建社会服务体系，推进配套改革

供给侧改革的最终目的是要增进供给体系的质量和效益，提高区域、产业、制度、产品等多个方面的竞争力。要实现这个目标，就要解决区域发展、城乡发展的不平衡性问题；要解决产业创新能力整体处于较低水平问题；要解决束缚经济转型升级的制度性因素问题；要解决对外开放新格局所需要的结构性竞争力提升问题；要解决突破传统乡土社会治理模式、树立国家治理现代化的理念问题。

每一项改革的实施不仅需要定任务、定目标，还要定主攻方向、工具方法、保障条件，才能顺利推进改革。

第十三章　怎样实施供给侧结构性改革

我国经济发展面临的新常态以及三期叠加、三大失衡、双重风险、四降一升等形势和问题，前面已经一一介绍了。那么，怎样实施供给侧结构性改革来适应并解决这些问题呢？在这一章里介绍一下改革的主攻方向、改革的保障条件、改革用到的方法工具等。

供给侧结构性改革攻坚战中的主攻方向是三个供给，它也是改革的重点工作任务；改革用到的方法工具是简政放权、三去一补一降、破立改、破立降；推进改革的最大保障和最大动力就是党中央制定的方针政策以及党和国家、各级政府制定的法纪、法律、法规和制度。

第一节　改革主攻方向

基于过去我国的消费具有模仿型排浪式的特征，而现在消费追求个性化、多样化、专业化，注重品质和安全。需求发生了变化，但供给的变化还没有跟上，所以要减少无效供给、扩大有效供给、提供优质供给。党中央确定的改革主攻方向是三个供给。

一、减少无效供给

减少无效供给的根本方式是去产能。例如，我国钢铁、水泥、电解铝、平板玻璃、船舶的产能利用率分别为72%、73.7%、71.9%、73.1%和75%，低于国际通常水平。目前，6万余户大中型企业产能利用率平均低于80%，而且产能过剩已从钢铁、有色金属、建材、化工、造船等传统行业向风电、光伏、碳纤维等新兴行业扩展，部分行业产能利用率不到75%。

减少无效供给面临的现实问题是去库存。要狠下心来清理“僵尸企业”，为产业良性发展腾挪空间，要想办法去库存，例如应对房子、钢铁过剩，把农村房子由过去的砖瓦结构变成钢结构，这样既改善住房质量，又能去钢铁库存，还可以把过剩的写字楼房产改成立体停车场。兼并重组过程中尽量不破产而是转产，这样既能提升就业能力，又能推进改革，以扫清经济社会发展道路上的障碍，为增加有效供给腾出更多空间。2015年12月，中央经济工作会议指出，化解房地产库存，加快提高农村人口户籍城镇化率和深化住房制度改革，通过加快农民工市民化，降低首付，提升购买力，扩大有效需求，想办法去房产库存，做好供给侧结构性改革的“减法”。

二、扩大有效供给

扩大有效供给的有效方式是补短板。目前，我国供给侧发展明显滞后于需求升级，中高端供给不足。中国人民小康了、富裕了，居民对高品质商品和服务的需求难以得到满足。习近平总书记指出：“我国有大量购买力支撑的消费需求在国内得不到有效供给，消费者将大把钞票花费在出境购物、‘海淘’购物方面，购买的商品已从珠宝首饰、名包名表、名牌服饰、化妆品等奢侈品向电饭煲、马桶盖、奶粉、奶瓶等普通日用品延伸。据测算，2014年以来我国居民出境旅行支出每年超过1万亿元人民币。”

扩大有效供给，就得补短板，补供给侧的短板。一只木桶能装多少水，取决于最短的那块木板。最薄弱的环节制约着经济社会发展整体水平。从不同收入群体来看，农村贫困人口是短板，他们的生活改善过程蕴藏着巨大的有效供给空间；从产业来看，现代农业和新兴产业是短板；从产品来看，生态产品是短板；从产品的质量来看，高品质的产品是短板；从资本来看，相对于物理资本而言，人力资本是短板。事实证明，我国不是需求不足，也不是没有需求，而是需求变了，供给的产品却没有变，质量、服务跟不上。有效供给能力不足带来大量“需求外溢”，消费能力严重外流。要扩大有效供给，满足有效需求，还要加快形成体制机制和发展方式。

三、提供优质供给

要切实化解供给结构与有效需求不匹配的矛盾，提高供给结构对需求结构的适应性和灵活性，不只要满足需求，最好能够引领需求、创造需求，才能获得超额利润。这需要将科学研究演变成技术，将技术转变成生产力，也就是创新。我国经济增速呈现放缓趋势，表面上看是因为需求不足，实质上是供给侧的有效性不足，供给侧不能提供优质供给，也就是说供给结构难以适应需求结构的变化。

我国一些行业和产业产能严重过剩，同时大量关键装备、核心技术、高端产品还依赖进口，国内庞大的市场没有掌握在我们自己手中。例如，我国农业、牧业、养殖业发展形势很好，但牛奶和奶粉却难以满足消费者对质量、信誉的要求，尤其是生育政策放开以后需求迅速扩大，但国内优质供给匮乏，难以满足需求。还有，大豆生产缺口很大，而玉米增产却超过了需求增长，导致农产品库存过大却还要大量进口。农业产业结构不合理，亟须进行合理规划改革。

第二节　改革方法工具

一、简政放权

1. 建立有为的政府

居于制度创新之首的，应当是政府管理经济、管理社会方式的转变。要管住、管好政府这只“看得见的手”，最重要的是要明确政府的权力边界，以自我革命的精神，在行政干预上多做“减法”，把“放手”当作最大的“抓手”。更需要用系统设计与专业化的技术方法来制定具体的解决方案，例如，根据社会主要矛盾、利用税收政策管理社会收入分配机制和社会公共服务体系建设、保住民生底线，包括建立社会养老体系、养育体系、教育体系、残疾人就业生存体系、医疗体系。

当前最要紧的是新型城镇化建设吸收农村人口，急需制定人口政策，急需配套的土地政策（农村土地政策、农村宅基地政策、城市土地政策），急需房地产税、个人所得税、遗产税政策制定，急需明确地方与中央财政关系，急需解除金融抑制，急需建立新的金融监管体制，急需建立对新经济的管理机制，深化国有企业改革，能放开的要交给市场，严防国管新型腐败、隐形腐败。

2. 建立有效的市场

要真正发挥市场在配置资源方面的决定性作用，最主要的是对要素市场进行全面改革，全面释放经济社会活力。经济进入新常态后，要素红利渐行渐远，投资驱动风光不再，坚定不移地实施创新驱动发展战略，提高发展质量和效益，加快培育形成新的增长动力，这些都需要发挥市场的有效性。有效的市场一定是在有为的政府简政放权中产生。

二、三去一降一补

“三去一降一补”是供给侧结构性改革最初确定的首要任务，属于改革攻坚任务。“三去一降一补”就是去产能、去库存、去杠杆、降成本、补短板。其实，“三去一降一补”既是供给侧结构性改革的首要任务，也是供给侧结构性改革推进中的方法工具。习近平总书记在2015年12月中央经济工作会议上强调，要解决好“产能过剩、楼市库存大、债务高企”这三个问题，就要推行“三去一降一补”政策。

概括说，“三去一降一补“的主要内容有：

1. 去产能

去产能是指去“三高污染、一低利润”企业的过剩产能，前面已介绍，不再赘述。

2. 去库存

去库存是为新的产能提供空间，前面已介绍，不再赘述。

3. 去杠杆

去杠杆是降低长期性和系统性风险，前面已介绍，不再赘述。

4. 降成本

降成本是在提高效率的基础上，帮助企业降低成本。主要有四点：一是降低制度性交易成本，要通过转变政府职能、实施简政放权，进一步清理规范中介服务；二是降低企业税费负担，要进一步正税、清费，清理各种不合理收费，营造公平的税负环境，国家研究出降低制造业增值税税率，降低社会保险费，精简归并为新的“五险一金”政策；三是降低企业财务成本，严格要求金融管理机构创造利率正常化的政策环境，为实体经济让利，降低民营企业贷款门槛；四是降低用能成本，降低电力价格，推进电价市场化改革，完善煤电价格联动机制；五是降低物流成本，推进流通体制改革。

5. 补短板

补短板是提高整体资源配置效率的必要条件，也是平衡供需关系的必然手段。主要有七点：一是补基础设施建设短板，解决城市基础设施和公共服务设施建设滞后，中心城区地下管网老旧、水电气暖及环卫设施不配套等问题；二是补经济持续健康发展短板，解决结构优化调整缓慢，实体经济发展不快，金融产品有效供给不足，企业融资成本过高，产业投资增量减少，增长新动力不足，投资需求降低等问题；三是补科技创新进步短板，解决创新能力不强，创新活力不足，科技研发投入偏低，科技成果转化缓慢，高新技术产业规模较小等问题；四是补民生建设短板，解决公共服务体系不完善，基本公共服务不均衡，教育、医疗、卫生、文化、就业和社会保障服务水平不高等问题；五是补对外开放短板，解决国际交流合作不活跃，投资贸易规模不大，对中亚市场辐射力不强和城市开放度不高等问题；六是补环保生态建设短板，解决发展受水、土地等资源硬约束加剧，“城市病”较为突出，环境容量和生态承载力严重不足，环保基础设施欠缺，大气污染区域联防联控不到位等问题；七是补人才队伍建设短板，解决人力资源管理政策不灵活，人才管理体制机制改革相对滞后，各领域人才特别是企业科技、管理人才相对匮乏，各类人才待遇较低等问题。

三、破立降

1. 破

“破”就是大力破除无效供给，把处置“僵尸企业”作为重要抓手，推动化解过剩产能。

2. 立

“立”就是大力培育新动能，强化科技创新，推动传统产业优化升级，培育一批具有创新能力的排头兵企业，积极推进军民融合深度发展。

3. 降

“降”就是大力降低实体经济成本，降低制度性交易成本，继续清理涉企收费，加大对乱收费的查处和整治力度，深化电力、石油天然气、铁路等行业改革，降低用能、物流成本。

四、废立改

响应中央“简政”号召，加强国家治理能力与治理体系现代化建设，通过对现行各种法律、制度、规章采取废止、修改、新立，让它们更具针对性、可操作性和科学性，实现用制度管人、管事、管权。

这是努力解决现行制度缺失和体制机制障碍等突出问题的紧急需要，是促进管理进一步制度化、规范化、科学化的需要。

这里需要再提及“三个供给”。“三个供给”既是改革的具体任务，又是改革的主攻方向，还是改革的方法工具。它的具体内涵前面已讲过，不再赘述。

改革推进过程中，用到的具体工作方法归纳为“加减乘除法”。去掉的、减少的行业产业和产能叫减法；增加的、补充的叫加法；成倍减少、消除的叫除法，如降金融杠杆会引起连锁有效去除；科技创新会引起成倍的效应，叫乘法。其实，科技创新既能降低成本，还能解决产业结构问题，并且能够去库存，科技创新能发挥加减乘除四则混合运算的全部作用；还有，沿着“一带一路”走出去，既能扩大出口，还能去库存，同时又能有效改善国际外交工作，也能发挥加减乘除四则混合运算的作用。改革的方法工具还有一些行业应用的特殊方法，在此不再赘述。

第三节　改革保障条件

供给侧的问题是根本的、系统的、深刻的、影响全局的，不但要明确主攻方向，明确主要任务，还必须要有方针政策、法律制度和科学的方法工具来保障顺利实施、有效推进。

一、保障条件的重要性

供给侧结构性改革的实施需要党和国家、各级政府的方针政策、法律法规、体制机制、制度公约来保障；需要完善的市场机制、契约合同、行业规范、职业规范、指标体系标准的有效监管；需要政府真正简政放权、真正放管服，对民营化、国有化实施科学有序推进；同时，需要守住民生底线的社会普遍性服务体系来保障。

这些保障条件对实施供给侧结构性改革非常重要。例如，制定实施《能源法》《节能法》，能保障能源安全新战略中的“四个革命、一个合作”落地；巡视巡检巡查、指标考核的方式，能保障国有企业改革、国有企业党建工作落地，混合所有制改革推进，特高压运送国际电能利用率提升；用降电价的政策方式促进电网公司提质增效、降成本、提高能源转化效率；用弃风弃光率的考核方式，保障风光储一体技术水平提升和能源绿色低碳转型发展；用新基建政策，加速数字化，加快电网向能源互联网升级；通过民营化一部分售电市场方式，引导国有企业强化提质增效意识，增加危机感，提升竞争力；以开展综合能源服务和综合能效服务，践行消费侧能源革命，加大清洁能源、可再生能源利用率，促进能源行业向绿色低碳高质量转型发展。

以有效的市场保障民营企业良性发展。不言而喻，国有企业，特别是央企，在整个国民经济发展过程中起到了“压舱石”的作用，但经过40多年改革开放，民营企业迅猛发展。目前，民营企业在社会发展中的地位越来越高，作用越来越大，也是党和国家、人民依靠的力量。民营企业的地位和作用被概括为“56789”足以说明它所具有的战略地位：民营企业为中国经济发展贡献了50%以上的税收，提升了60%以上的GDP，提供了70%以上的技术创新成果，解决了80%以上的城镇劳动就业人口，民营企业数量占据中国企业总数的90%以上并承担了90%的国家新增就业人数。可以说，民营企业经营状况和国家经济社会发展休戚与共、息息相关，结成了命运共同体。

但是，民营企业在发展过程中承受的生存压力比国有企业大很多，境况艰难很多，所以民营企业更需要供给侧结构性改革带来的红利，也就是通过有效的市场发挥资源配置能力来为它们“推开三扇门、搬开三座山”，给“大众创业、万众创新”背景下成长起来的民营企业“喂点奶粉”，帮助它们成长为新生的市场中坚力量，促进国家经济向高质量转型发展。

二、五大政策的支撑性

供给侧结构性改革的根本目的是提高全要素生产率，提高全社会生产力，使供给体系更好适应需求结构变化，实现中国经济高质量发展，满足人民对美好生活的向往。

为保障供给侧结构性改革顺利推进，需要以下五大政策支柱相互配合实施，支撑改革推进。

1. 宏观政策要稳，营造稳定的宏观经济环境

继续实行积极的财政政策和稳健的货币政策，使二者相互配合，协同发力，释放出为供给侧结构性改革营造稳定的宏观经济环境的重要信号。

2. 产业政策要准，准确定位结构性改革方向

着力提高第三产业供给体系质量和效率，支持新兴工业发展，增强经济持续增长动力。为中国未来的产业结构调整政策指明方向。

3. 微观政策要活，激发企业活力和消费潜力

增强经济领域简政放权力度，降低市场准入门槛，向小微企业和服务业倾斜，激发市场活力和消费者潜力，放活政策，做活微观经济，充分释放生产消费活力和内部增长潜能，开创经济发展新局面。

4. 改革政策要实，加大力度推动改革落地

改革，一直都是中国最大的红利，今天的中国，改革依然是最大动力和关键一招。改革已入深水区，每一项改革任务，担子都不轻，要推动中国经济发展提质增效、行稳致远，必须培育千千万万的改革促进派、实干家，以坚决破除各种利益的藩篱和体制机制的弊端，充分释放改革新红利。

5. 社会政策要托底，守住民生保障的底线

发挥社会政策稳定器作用，守住民生底线，从全局高度重视就业问题，实施更加积极的就业政策，努力推进重点、困难群体就业，把高校毕业生就业放在就业工作首位，加快构建劳动者终身职业培训体系以提升就业能力，改革教育体制，提升职业技术院校服务就业能力，加强劳动者的保护措施建设，努力消除拖欠农民工工资现象。

第十四章　国家电网公司如何有效贯彻落实供给侧结构性改革

2021年1月25日，习近平总书记在北京以视频方式应邀出席世界经济论坛“达沃斯议程”对话会，发表题为《让多边主义的火炬照亮人类前行之路》的特别致辞。习近平总书记在致辞中强调：“中国将继续促进可持续发展。中国将全面落实联合国2030年可持续发展议程。中国将加强生态文明建设，加快调整优化产业结构、能源结构，倡导绿色低碳的生产生活方式。我已经宣布，中国力争于2030年前二氧化碳排放达到峰值、2060年前实现碳中和。实现这个目标，中国需要付出极其艰巨的努力。我们认为，只要是对全人类有益的事情，中国就应该义不容辞地做，并且做好。中国正在制定行动方案并已开始采取具体措施，确保实现既定目标。中国这么做，是在用实际行动践行多边主义，为保护我们的共同家园、实现人类可持续发展作出贡献。”

据统计，这次讲话是习近平总书记自2020年9月22日在第七十五届联合国大会一般性辩论上发表讲话以来，第七次在重大国际场合就“中国力争于2030年前二氧化碳排放达到峰值、2060年前实现碳中和”发表重要讲话。

上面的致辞中明确指出，“碳达峰、碳中和”目标的实现，需要加快调整优化产业结构、能源结构，倡导绿色低碳的生产生活方式。

这正是国家电网公司坚持新发展理念，深化供给侧结构性改革的任务和目标。

国家电网公司是位于国家经济命脉领域和担负“碳达峰、碳中和”目标实现重要责任的特大型中央骨干企业，管理着4万亿元的国有资产，服务人口超过11亿人，在保障国家能源安全、促进生态文明建设、壮大国家综合实力、服务民生改善中承担着重要的责任。面向新时代，国家电网公司牢牢把握高质量发展这个根本要求，以习近平新时代中国特色社会主义思想为指导，以落实供给侧结构性改革为主线，不断提高发展的质量、效率和效益，努力实现自身的高质量发展，努力服务经济社会的高质量发展。

习近平总书记对国际社会的庄严承诺，“碳达峰、碳中和”目标的提出，树立了负责任的大国形象，彰显了大国担当，为我国经济社会发展提供了动力引擎，为能源电力工业提供了“弯道超车”、抢占世界制高点的重大战略机遇。

国家电网公司如何深化供给侧结构性改革，怎样准确对标“碳达峰、碳中和”目标实现？本章将作出回答。

第一节　践行“四个革命、一个合作”

一、思想内涵

1. 提出

2014年6月13日，中央召开财经领导小组第六次会议，研究国家能源安全战略。面对能源供需格局新变化、国际能源发展新趋势，为保障国家能源安全，习近平总书记在会上提出了必须加快推动能源生产革命和消费革命的“四个革命、一个合作”能源安全战略新思想。

2. 内涵

“四个革命、一个合作”的内涵包括：推动能源消费革命，抑制不合理能源消费；推动能源供给革命，建立多元供给体系；推动能源技术革命，带动产业升级；推动能源体制革命，打通能源发展快车道；全方位加强国际合作，实现开放条件下的能源安全。

3. 要求

在2014年6月13日中央召开的财经领导小组第六次会议上，习近平指出，我国面临能源需求压力巨大、能源供给制约较多、能源生产和消费对生态环境损害严重、能源技术水平总体落后、能源体制抑制发展、能源对外合作局限等挑战。要求能源企业必须从国家发展和国家安全的战略高度，审时度势，借势而为，找到顺应能源大势之道，破除能源发展瓶颈，确保国家能源安全。

二、落地实践

1. 发挥电网的平台引领作用

电网一头连着能源生产，一头连着能源消费，是能源开发利用的基础平台，是“四个革命、一个合作”落实的重要责任主体。国家电网公司积极践行“四个革命、一个合作”能源安全新战略，主动适应能源变革要求，创新优化电网格局，加强电网互联，全力消纳新能源和可再生能源上网，加快推进跨省、跨区输电，着力提升送端电网外送能力和受端电网接纳能力，充分发挥电网的平台作用，服务能源结构调整和布局优化，加快推动我国能源清洁低碳转型，引领能源企业高质量发展。

2. 践行“四个革命、一个合作”能源安全战略

国家电网公司深刻意识到推进能源生产和消费革命，构建低碳清洁、安全高效的能源体系，是能源高质量发展的本质要求，是能源领域深化供给侧结构性改革的中心工作。

（1）在践行能源生产革命方面

国家电网公司积极服务新能源等清洁能源大规模开发利用上网需求，下大力气解决消纳清洁能源、新能源、可再生能源上网问题，努力适应加快加力发展水电、风电和太阳能发电对智慧电网的挑战。同时，还要做好煤炭这篇文章，适应以电力外送为主的集约化若干千万千瓦级大型煤电基地的特高压远距离跨省输送要求。

近年来，我国风电、太阳能等新能源发电装机年均增长 33.6%，发电量年均增长 34.8%，均比全球平均水平高 13 个百分点以上；2020 年，我国煤电装机容量占总装机容量比重为 49.1%，历史性降至 50% 以下。截至 2020 年末，公司经营区清洁能源发电装机 7.1 亿千瓦、占比 42%，其中新能源发电装机 4.5 亿千瓦、占比 26%，比 2015 年提高 14 个百分点，国家电网是世界上新能源等清洁能源发电装机接入规模最大、发展速度最快的电网。

（2）在践行能源消费革命方面

国家电网公司加快实施电能替代，全力落实好党中央确定的北方地区冬季清洁取暖工作部署，提高电能消费比重，减少能源消费侧化石能源的直接燃烧，促进电能占终端能源消费比重不断提升。2000—2019 年，全球电能占终端能源消费比重从 15.4% 增至 19.6%；中国从 10.9% 增至 26%，提高约 15 个百分点。近年来，国家电网公司累计实现替代电量 8677 亿千瓦时，相当于减少散烧煤 4.8 亿吨，减排二氧化碳 8.7 亿吨。

（3）在践行能源技术革命方面

近年来，国家电网公司加大科技创新研发投入力度，以实施国家“科技创新 2030”智能电网重大项目为引领，在特高压、智慧电网、大电网运行控制、大规模储能、电网友好型新能源、源网荷储互动、新材料应用等关键领域取得新突破，建成国家风光储输、柔性直流输电等一批重大科技示范工程，拥有专利 8 万多项、编制国际标准 60 多项。大力推进大众创业、万众创新，加强人才激励、成果转化等机制建设，提升培育新兴业务意识。把握能源科技和信息通信技术融合趋势，适应数字革命要求，大力开拓增值潜力大、盈利能力强、发展前景好的电子商务、芯片制造、综合能源服务等新业务、新业态、新模式，积极培育增长新动能。

开拓电动汽车服务市场，持续加大充电设施投入，完善智慧车联网平台功能，满足电动汽车迅猛发展需要。聚焦物资电商化、分布式电源、节能服务、大数据征信等业务，提高电子商务发展质量和水平。以工业园区和公共建筑为重点，大力拓展综合能源服务业务。大力创新服务模式，变革组织机构，优化业务流程，推进供电服务指挥平台和“全能型”乡镇供电所建设，不断完善现代供电服务体系。聚焦服务短板、客户痛点，利用“互联网+”等技术和管理手段，改革传统客户报装接电服务模式，持续优化用电营商环境，不断提升世界银行“获得电力”指标排名。

（4）在践行能源体制革命方面

国家电网公司贯彻落实中央改革部署，强化顶层设计，统筹推进电力改革和国企改革。贯彻落实降电价这一供给侧结构性改革政策，向企业有效释放改革红利；认真落实“中发9号文”及其配套文件精神，按照“管住中间、放开两头”的改革思路，积极稳妥推进增量配电和现货市场建设试点；按照“准许成本加合理收益”的原则，配合做好输配电价改革；按照“统一市场、两级运作”原则，加快统一电力市场体系建设，发挥电力交易机构作用，扩大市场化交易规模和比重；加快建设中国特色现代国有企业制度，着力破除束缚高质量发展的体制机制障碍，在推进增量配电、新兴业务和产业单位改革的基础上，完成混合所有制改革任务，增强国有资本的控制力和影响力；严格落实国家关于剥离企业办社会职能和解决历史遗留问题各项要求，依法合规、分类处理，稳妥有序做好“三供一业”分离移交、医疗培训疗养机构改革等工作，按期完成改革任务。

推进企业内部变革，防治“大公司病”，压缩管理层级，缩短管理链条，实施“放管服”，提高运转效率；持续深化三项制度改革，逐步实现管理人员能上能下、职工能进能出、收入能增能减；优化公司内部分配制度，基本实现多劳多得，激发干事创业的积极性；持续开展提质增效工作，提升全要素生产效率。

（5）在践行能源对外合作方面

巴西美丽山二期特高压输电项目全线贯通标志着国家电网公司服务和推进“一带一路”建设、扩大国际产能合作取得了重大实践，国家电网公司在海外中标并实施的特高压直流输电工程，成为国际能源合作的典范。国家电网公司在特高压、智能电网、设备制造等领域的领先技术，以及在大电网建设和运行管理等方面的丰富经验，为加快与相关国家的电力互联互通提供了坚实的基础和保障。目前，国家电网公司已建成中俄、中蒙、中吉、中韩等十几条跨国输电线路，累计交易电量超过500亿千瓦时以上，使中国用上了多个国家的电能。

同时，依托技术、资金、人才、管理、装备等方面的综合优势，国家电网公司分别与巴基斯坦、埃及签署骨干输电网建设相关项目协议。同时，投资运营了菲律宾、巴西、葡萄牙、澳大利亚、意大利、希腊6个国家和中国香港地区的骨干能源网公司，完成了埃塞俄比亚、波兰等国的国家级电网总承包项目建设。

近年来，国家电网公司累计主导制定国际标准65项，正式发布国际标准30项，推广262项中国标准在“一带一路”沿线国家电力建设中应用，推动了我国技术优势向国际竞争优势的转化。通过规划设计、工程建设、装备制造、技术标准全产业链、全价值链“走出去”的国际产能合作模式，已带动我国电工装备、控制保护设备、调度自动化系统、高端电力电子设备等出口到103个国家和地区。

国家电网公司以供给侧结构性改革为主线，在践行“四个革命、一个合作”能源安全新战略工作中，把推进能源绿色低碳转型作为根本任务，全面推动电网向能源互联网升级，有力支撑了绿色低碳发展。

第二节　担当“碳达峰、碳中和”主体责任

2020年9月22日，习近平总书记在第七十五届联合国大会一般性辩论上向国际社会作出“碳达峰、碳中和”郑重承诺，在气候雄心峰会上提出了具体目标。提出“碳达峰、碳中和”目标，是党中央做出的重大战略决策，不仅是应对气候变化的目标，更是经济社会发展的战略目标，体现了我国未来发展的价值方向，对构建以国内大循环为主体、国内国际双循环相互促进的新发展格局意义深远重大，是一项重大的政治任务。按照党的十九届五中全会、中央经济工作会议对此作出的相关工作部署，国家电网公司认真学习方针政策，深入研究，积极行动，努力发挥国有企业“六个力量”。

一、深刻认识形势任务

国家电网公司深刻认识到“碳达峰、碳中和”目标的提出，为我国经济社会发展提供了动力引擎，为能源电力工业提供了“弯道超车”、抢占世界制高点的重大战略机遇与挑战，为国家电网公司加快高质量转型发展提供了契机。

1. 深刻认识到实现“碳达峰、碳中和”的意义

一是构建人类命运共同体的伟大实践，中国树立了负责任的大国形象，彰显了大国担当；

二是推动我国从工业文明迈入生态文明的重要转变，符合人类社会发展规律，顺应人民群众对美好生活的期盼；

三是推进我国经济社会发展动力转换的重要引擎，推动新冠肺炎疫情后世界经济“绿色复苏”，汇聚起可持续发展的强大合力；

四是保障国家能源安全的重要举措，大幅降低油气对外依存度，

提高我国能源安全保障能力。

2. 强烈感受到实现“碳达峰、碳中和”的严峻挑战

一是我国实现“碳中和”时间紧、难度大。欧盟等发达经济体二氧化碳排放已经达峰，从“碳达峰”到“碳中和”有50—70年过渡期；我国二氧化碳排放量占全球的30%左右，超过美国、欧盟、日本的总和，从“碳达峰”到“碳中和”仅有30年时间，必须付出艰苦努力。

二是统筹协调碳减排与经济社会加快发展要求高。欧美主要国家已完成工业化，经济增长与碳排放脱钩；我国尚处于工业化阶段，能源电力需求还将持续攀升，经济发展与碳排放仍存在强耦合关系，必须探索一条经济持续稳定增长情况下，既要保障能源电力安全可靠供应，又能实现碳减排的务实路径。

三是能源电力领域任务重。实现“碳中和”的核心是控制碳排放。能源燃烧是我国主要的二氧化碳排放源，占全部二氧化碳排放的88%左右，电力行业排放约占能源行业排放的41%，减排任务很重。能源消费达峰后，随着电气化水平提高，电力需求仍将持续增长，电力行业不仅要承接交通、建筑、工业等领域转移的能源消耗和排放，还要对存量化石能源电源进行清洁替代做出更大的贡献。

四是电网企业责任大。推进能源清洁低碳转型，关键是加快发展非化石能源，尤其风电、太阳能发电等新能源。我国95%左右的非化石能源主要通过转化为电能加以利用。电网连接电力生产和消费，是重要的网络平台，是能源转型的中心环节，是电力系统碳减排的核心枢纽，既要保障新能源大规模开发和高效利用，又要满足经济社会发展的用电需求。电网企业面临保安全、保供应、降成本的巨大压力，同时自身节能减排任务繁重。

面对时间紧、任务重、难度大的“碳达峰、碳中和”目标，国家电网公司勇于担当、迎难而上，在碳减排工作中全力担起主体责任。

二、积极探索实施路径

国家电网公司聚集行业内外专家，跨专业反复深入研究，提出了能源电力落实“碳达峰、碳中和”的实施路径：能源领域碳排放总量大，是实现碳减排目标的关键，而电力系统碳减排是能源行业碳减排的重要组成部分；“碳达峰”是基础前提，“碳中和”是最终目标；要坚持系统观念、建立平台思维、加强科技创新、发挥市场作用；政府、社会和能源企业多方共同努力，源网荷储各环节共同发力；以保障电力系统安全运行、保障能源电力可靠供应、保障电力行业可持续发展为基础，加快推进能源供给多元化、清洁化、低碳化，能源消费高效化、减量化、电气化。

三、率先制定行动方案

国家电网公司贯彻落实党的十九届五中全会精神、2020 年 12 月中央经济工作会议精神、全国能源工作会议要求和“十四五”发展规划，在能源行业率先制定了“碳达峰、碳中和”国家电网公司行动方案，明确六个方面 18 项重要举措，坚持新发展理念，全力服务清洁能源发展，加快推进能源生产和消费革命：

1. *在能源供给侧，构建多元化清洁能源供应体系*

一是大力发展清洁能源。最大限度开发利用风电、太阳能发电等新能源，坚持集中开发与分布式并举，积极推动海上风电开发；大力发展水电，加快推进西南水电开发；安全高效推进沿海核电建设。

二是加快煤电灵活性改造。优化煤电功能定位，科学设定煤电达峰目标。煤电充分发挥保供作用，更多承担系统调节功能，由电量供应主体向电力供应主体转变，提升电力系统应急备用和调峰能力。

三是加强系统调节能力建设。大力推进抽水蓄能电站和调峰气电建设，推广应用大规模储能装置，提高系统调节能力。

四是加快能源技术创新。提高新能源发电机组涉网性能，加快光热发电技术推广应用。推进大容量高电压风电机组、光伏逆变器创新突破，加快大容量、高密度、高安全、低成本储能装置研制。推动氢能利用，碳捕集、利用和封存等技术研发，加快二氧化碳资源再利用。

预计2025年和2030年，非化石能源占一次能源消费比重达到20%和25%左右。

2. 在能源消费侧，全面推进电气化和节能提效

一是强化能耗双控。坚持节能优先，把节能指标纳入生态文明、绿色发展等绩效评价体系，合理控制能源消耗总量，重点控制化石能源消耗。

二是加强能效管理。加快冶金、化工等高耗能行业用能转型，提高建筑节能标准。以电为中心，推动风光水火储多能融合互补、电气冷热多元聚合互动，提高整体能效。

三是加快电能替代。支持“以电代煤”“以电代油”，加快工业、建筑、交通等重点行业电能替代，持续推进乡村电气化，推动电制氢技术应用。

四是挖掘需求侧响应潜力。构建可中断、可调节多元负荷资源，完善相关政策和价格机制，引导各类电力市场主体挖掘调峰资源，主动参与需求响应。

预计2025年和2030年，电能占终端能源消费比重将达到30%和35%以上。

3. 全方位策划，全面立体对标“碳达峰、碳中和”

国家电网公司将坚持系统思维，统筹发展与安全、速度与质量、成本与效益，充分发挥龙头企业引领作用，带动产业链、供应链上下游，共同推动能源电力从高碳向低碳、从以化石能源为主向以清洁能源为主转变，积极服务实现“碳达峰、碳中和”目标。当好“引领者”，充分发挥电网“桥梁”“纽带”作用，促进能源生产清洁化、

能源消费电气化、能源利用高效化，推动能源电力行业尽早以较低峰值达峰；当好“推动者”，加强技术创新、机制创新、模式创新，引导绿色低碳生产生活方式，推动全社会尽快实现“碳中和”；当好“先行者”，系统梳理输配电各环节、生产办公全领域减排清单，深入挖掘减排潜力，实现企业碳排放率先达峰。

重点做到“六个推动、六个着力”：

一是推动电网向能源互联网升级，着力打造清洁能源优化配置平台。推进各级电网协调发展，完善西北、东北送端和华东受端主网架结构，加大跨区输送清洁能源力度，到2025年国家电网公司经营区跨省、跨区输电能力达到3亿千瓦，输送清洁能源占比达到50%。加快水电、核电并网和送出工程建设，到2030年经营区风电、太阳能发电总装机容量将达到10亿千瓦以上。加强“大云物移智链”等技术在能源电力领域的融合创新应用，支撑新能源发电、多元化储能、新型负荷大规模友好接入，到2025年初步建成国际领先的能源互联网。

二是推动网源协调发展和调度交易机制优化，着力做好清洁能源并网消纳。强化电网统一调度，加快构建促进新能源消纳的市场机制，积极开展风火打捆外送交易、发电权交易、新能源优先替代等多种交易方式，保障清洁能源能发尽发、能用尽用。加快抽水蓄能电站建设，持续提升电力系统调节能力，到2025年公司经营区抽水蓄能装机达到5000万千瓦。

三是推动全社会节能提效，着力提高终端消费电气化水平。大力拓展电能替代，推动交通电气化发展，深挖工业生产窑炉、锅炉替代潜力，实施乡村电气化提升工程，“十四五”公司经营区替代电量达到6000亿千瓦时。以工业园区、大型公共建筑等为重点，积极拓展用能诊断、能效提升等综合能源服务。助力国家碳市场运作，支撑全国碳市场配额测算，加强碳减排方法研究，从供给和需求双侧发力，统筹推进能源电力发展和节能减碳目标实现。

四是推动节能减排加快实施，着力降低自身碳排放水平。加强电网规划建设运维各环节绿色低碳技术研发，实现全过程节能、节水、节材、节地和环境保护。强化公司办公节能管理，充分利用清洁能源解决用能需求。积极参与全国碳市场建设，充分挖掘碳减排（CCER）资产。建立健全公司碳排放管理体系，培育碳市场新兴业务，形成共赢发展的专业支撑体系。

五是推动能源电力技术创新，着力提升运行安全和效率水平。针对电力系统“双高”“双峰”特点，加快电力系统安全稳定控制关键技术研发，加快特高压输电、柔性直流输电等技术装备研发，推进虚拟电厂、新能源主动支撑技术进步，研究推广有源配电网、分布式能源、终端能效提升和能源综合利用等技术装备研制。深化应用“新能源云”，全面接入煤、油、气、电等能源数据，支持碳资产管理、碳交易、绿证交易、绿色金融等新业务，服务国家智慧能源体系构建。

六是推动深化国际交流合作，着力集聚能源绿色转型最大合力。贯彻人类命运共同体理念，高水平举办能源绿色转型国际论坛，打造能源“达沃斯”，传播“能源转型、绿色发展”理念。围绕“双碳”目标，促进政府机构、行业企业、科研院所研讨交流，开门问策，集思广益，携手共创绿色发展美好未来。

拥有天蓝、地绿、水净的美好家园是每个中国人的梦想。当前，中国正致力于加快推进经济社会全面绿色转型发展，努力建设人与自然和谐共生的现代化国家。国家电网公司准确把握“大国重器”和“顶梁柱”的担当作用，准确把握“六个力量”和“三个责任”历史定位，深入贯彻“四个革命、一个合作”能源安全新战略，以更强力度、更实举措，通过供给侧结构性改革和需求侧灵活响应“双侧”发力，全力解决能源发展“双高”“双峰”问题，奋力实践“30·60”承诺、“双碳”目标，努力走出一条电网发展与生态文明相得益彰的创新之路。

本篇结束语

在3个多月的时间内，一边主持本书的编写，一边负责本篇4万字内容的写作任务，还要牵挂着开发两门新的课程，着实感受到了压力。所以，正月初一就开工了。

在写作过程中，一边翻阅《习近平谈治国理政》第一、二、三卷，一边翻阅《资本论》，还有黄奇帆等人的经济论著，以及《国家电网公司发展战略》《国家电网公司“碳达峰、碳中和”行动方案》。在废寝忘食中终于完稿了，但却没有收笔完工的欣喜，有的是内心对自己“绝不再拖延”的叮嘱，并深刻意识到自己才疏学浅。

关于本篇内容，颇有感触的是只有以供给侧结构性改革为主线，才能实现以高质量发展为主题、以改革创新为根本动力、以满足人民日益增长的美好生活需要为根本目的。在经济发展新常态下，坚持新发展理念，构建新发展格局，在“十四五”这个开启第二个100年的新发展阶段，以人民为中心，加快推动国家治理体系和治理能力现代化，实现中国人民大众过上高品质生活的美好愿望。

还有关于供给侧结构性改革的两点认识：只有以供给侧结构性改革为“主线”，才能“串联”起经济发展新常态、新发展理念、新发展格局、新发展阶段、高质量发展和“供给侧结构性改革”本身这六个关键词；供给侧结构性改革涉及经济社会转型发展中的方方面面，改革的内容非常复杂，改革的任务非常艰巨，这是一块难啃的硬骨头。可以说，供给侧结构性改革不只是一次经济体制改革，还是一次社会体制改革、政治体制改革。

本篇参考文献

[1] 黄奇帆. 分析与思考 [M]. 上海：上海人民出版社.

[2] 代红才，等. 综合能源服务 [M]. 北京：中国电力出版社.

[3] 中国共产党第十九届中央委员会第五次全体会议文件汇编 [M]. 北京：人民出版社.

[4] 张占斌，何毅亭，等. 国内大循环 [M]. 长沙：湖南人民出版社.

[5] 习近平. 习近平谈治国理政（第一、二、三卷）[M]. 北京：外文出版社.

[6] 国家行政学院经济学教研部. 中国供给侧结构性改革 [M]. 北京：人民出版社.

[7] 国家电网公司. 国家电网公司发布“碳达峰、碳中和”行动方案 [N]. 国家电网报：头条君，2021-3-2.

[8] 吴文. 为建设具有中国特色国际领先的能源互联网企业而奋斗 [EB/OL]. 中国能源网，2020-3.

[9] 辛保安. 为实现“碳达峰、碳中和”目标贡献智慧和力量 [N]. 人民日报，2021-2-23（10）.

后　　记

成稿收笔之时，带着期待付梓成书的喜悦，我们心情久久不能平静。

回首百年前，有谁会相信一个1921年成立、最初只有50多名党员的政党，能在28年后实现中华民族的百年救亡；有谁会相信一支1927年“八·一”南昌起义建立、曾经只剩800多人的共产党军队，能在22年后横扫千军、百万雄师过大江，实现全国解放。

百年后的今天，中国经济飞速发展，国际格局剧烈演变，中华民族正在经历民族复兴的新长征，国家与个人都面临着巨大的机遇和挑战。国家电网公司站在“两个一百年”奋斗目标的历史交汇点上，新时代赋予我们“国家电网人”新追求。我们是百年未有之大变局的见证者，我们是中华民族复兴伟业的参与者，我们是现代化国家的建设者，我们是构建能源互联网的奋斗者，为迎接这个多灾多难民族真正的崛起、强大，我们更应该认真学习理论知识，了解国家方针政策，提升业务水平，顺势而为，因时而变，积极地担当和作为。

在“十三五”收官之际、“十四五”开启之际、喜迎“建党100周年”之际，谨以此书献给每一个热爱党和国家的人，希望此书可以吸引更多读者关心国家政治、经济、文化、社会、生态文明建设，关心国家电网公司发展。但由于作者水平有限，写作时间紧张，书中存在着一些不成熟的见解，甚至各方面都会略有不足；又因为是培训学习期间课题组学习心得体会，语言和结构过于松散，希望不影响读者涉猎兴趣。更希望通过此书，抛砖引玉，以期之后者能够走得更远、看得更深。书中不妥之处，欢迎读者批评指正。

本书由中共河北省委党校刘晓辉作序，由中共国网河北省电力有限公司党校范晓禹主持编写，由刘兆雄、肖毅、王宁、范晓禹分别编写第1—4篇，由编写组成员宋峥峥、罗丽娜、张鹏辉、李耀涛、高建为、葛梦瑶、李鹍、张一鸣、任凯、吴丽娜、周茜、于京燕、路欣、闫立志等人协助校对与文字处理，由王宁、刘兆雄、肖毅分别编写序、前言、后记，由范晓禹多次组织编写人员列示提纲、撰稿、校稿、修订、讨论并最终统稿。中共国网河北省电力有限公司党校提供平台并从始至终督促我们完成此书，河北大漠绿洲公司始终提供后勤支持。在此，对付出时间与精力的每一个人，一并表示衷心感谢！

此书的完结既是终点，也是起点，“路漫漫其修远兮，吾将上下而求索”。让我们为中华民族伟大复兴、为国家电网事业发展而努力奋斗。

编　者

2021年3月15日